<u>INDEX</u>

Preface

Depuis 2012, nous assistons à une recomposition du paysage djihadiste sans précédent dans les trente dernières années, avec le déplacement de l'épicentre du djihad mondial de la zone afghano-pakistanaise vers la zone syro-irakienne.

L'avènement de l'État islamique s'est fait progressivement. Sa genèse remonte au personnage d'Abou Moussab al-Zarqaoui qui a fondé la première organisation active sur le sol irakien à la suite de l'invasion américaine en 2003, laquelle organisation s'est transformée en Al-Qaïda en Irak pour devenir ensuite l'État islamique. Cet avènement s'est appuyé sur la déliquescence des États syrien et irakien, sur la force d'attraction du conflit en Syrie et, pour partie, sur l'attentisme de la communauté internationale, qui a mis longtemps à réagir à la progression de ces réseaux.

Avec l'avènement de l'État islamique, Al-Qaïda est, pour la première fois depuis sa création en 1988, confrontée à une organisation concurrente. La structure d'Al-Qaïda a évolué : on est passé d'une organisation élitiste et combattante à une organisation multipolaire ayant de nombreux affiliés, puis à un mouvement attrape-tout, inspirateur plus qu'acteur opérationnel.

Al-Qaïda s'est progressivement détournée du champ de bataille et a laissé la place, d'abord à des structures affiliées, puis à des organisations combattantes locales. D'une certaine manière, elle s'est déterritorialisée et dématérialisée. Pour autant, le à les détecter et les identifier pour les neutraliser préventivement, contrairement à ce qui fut le cas pour la plupart des projets d'attentats en Europe dans les années 2000.

Ils recourent de moins en moins à l'explosif, ou de manière beaucoup moins sophistiquée qu'auparavant. Son maniement est considéré à raison comme complexe et l'acquisition de substances et de composants est sujette à la surveillance des services régaliens.

Ils privilégient le recours aux armes de poing et aux armes blanches, qui représentent 50 % des attentats planifiés depuis cinq ans en Europe.

Enfin, ils préfèrent les attentats ciblés et symboliques à forte résonnance médiatique : communauté juive, police, militaires, Charlie Hebdo. C'est ce que l'on a appelé le «terrorisme stratégique», qui fait usage d'une violence ciblée, discriminée, vecteur, contrairement aux attentats «aveugles», d'une plus grande légitimité pour ces groupes.

L'étude la plus récente, qui date de 2013, montre que, entre 1990 et 2010, sur 945 djihadistes occidentaux s'étant rendus sur un théâtre d'opérations à l'étranger, 107 ont été impliqués dans la commission d'actes de terrorisme, soit plus de 11 %. En France, le magistrat antiterroriste Marc Trévidic estime que cette proportion est de 50 %.

À l'heure actuelle, 4 Français sur les 190 qui sont revenus du théâtre d'opérations syro-irakien ont été impliqués à leur retour dans des activités terroristes, qu'il s'agisse de la préparation ou de la commission d'attentats, ce qui représente 2 % des «returnees». Cette proportion est identique à celle que l'on observe au plan européen.

Salafisme

Les Musulmans Français

Sur les 15 millions de Musulmans recensés en Europe de l'Ouest, plus de 5 millions sont installés en France qui est l'Etat occidental comptant la plus forte proportion de Musulmans au sein de sa population.

Depuis le début des années 2000, le phénomène islamiste ne cesse de croître, essentiellement concentré dans les banlieues des grandes agglomérations. Les extrémistes sont devenus des acteurs majeurs des zones sensibles et les signes de progression de l'islam radical s'observent chaque jour. Le ministère de l'Intérieur évalue à 50 000 le nombre de nouveaux convertis dans notre pays en quelques années.

Dans les mosquées fondamentalistes, l'islam est inculqué aux populations par des prédicateurs radicaux, souvent étrangers, qui tiennent un discours de rupture vis-à-vis des institutions républicaines et prêchent un racisme antifrançais. Les islamistes se consacrent à la remise en cause des lois et coutumes de la société française pour y substituer leurs pratiques traditionnelles, en totale opposition avec nos institutions démocratiques et laïques.

Malgré la faible proportion d'islamistes parmi la communauté musulmane française, leur activisme virulent est d'autant plus préoccupant qu'il n'y a pas de frontière étanche entre l'islam fondamentaliste et le terrorisme.

Or, la lutte contre le terrorisme islamiste, consécutive aux attentats du 11 septembre 2001 et à la campagne d'Afghanistan, a révélé l'existence de filières de recrutement djihadistes sur notre territoire, à Paris comme en province. Ainsi, nos banlieues sont des viviers de recrutement, depuis lesquelles plusieurs centaines de jeunes Français musulmans se sont déjà rendus en Bosnie, en Tchétchénie, en Afghanistan ou en Irak, combattre aux côtés des moudjahidines et y recevoir une formation terroriste.

Les motivations de ces départs relèvent à la fois du contexte sociologique spécifique de la troisième génération d'immigrés, du manque de repères de la partie la plus déshéritée de la jeunesse française - pour laquelle le passage par les camps du djihad semble donner un sens à l'existence - et de la situation au Moyen-Orient, où le conflit israélo-palestinien et l'occupation de l'Irak renforcent la victimisation des islamistes radicaux.

Mais les effets de l'islamisme ne concernent pas seulement la sécurité intérieure ; ils touchent aussi la sphère économique et les activités de certaines entreprises. La pression islamiste s'exerce dans les entreprises, principalement selon deux modalités: le prosélytisme militant et contestataire et le développement de trafics susceptibles d'alimenter la cause du djihad.

Cette poussée fondamentaliste dans les entreprises impacte sur certaines activités économiques, notamment en générant de nouveaux risques sectaires et criminels, propres aux zones de consommation urbaines et périurbaines dans lesquelles elles sont implantées. Cela n'exclut nullement l'hypothèse d'attentats contre les acteurs économiques.

L'islam en France

L'islam est devenu, depuis deux décennies, la seconde religion pratiquée en France, derrière le catholicisme et devant le protestantisme et le judaïsme.

Les Musulmans de France sont essentiellement issus des trois pays de l'ex-Afrique du Nord française (Maroc, Algérie, Tunisie) et dans une moindre mesure des pays de l'Afrique subsaharienne, des Comores, de Turquie et du Moyen-Orient. Les pratiques culturelles de l'islam français se différencient de celles de l'islam de Grande-Bretagne, originaire du Moyen-Orient, et de celui d'Allemagne, d'influence turque. Ces nuances n'existent cependant pas pour les formes les plus intégristes de la religion du Prophète.

La nécessité de disposer d'une main d'œuvre à bas coût pour soutenir la croissance au cours des «trente glorieuses» a conduit les autorités françaises à faire appel à ces populations avec lesquelles des liens historiques existaient depuis la colonisation du Maghreb à la fin du XIXe siècle. Puis, le regroupement familial, autorisé au cours de la seconde moitié des années 1970, et la montée en puissance de l'immigration clandestine, à partir des années 1980, ont produit ce résultat de plus de 5 millions de Français - mais aussi d'étrangers - musulmans.

Travailleurs immigrés, légaux ou clandestins, se sont ainsi établis momentanément puis durablement en France pour des raisons économiques. Ils se sont installés dans les banlieues des grands centres urbains où ils ont logiquement et légitimement reproduit leurs lieux de cultes et une partie de leurs modes de vie traditionnels. Pendant près d'un demi-siècle, aucun problème de coexistence n'est apparu.

Toutefois, l'accroissement régulier de la proportion des Musulmans en France et la montée en puissance de l'islam radical dans le monde ont peu à peu changé la donne.

Les chiffres

Selon un rapport de la Direction centrale des Renseignements généraux (DCRG), remis début juin 2004 au ministre de l'Intérieur de l'époque, Dominique de Villepin, des centaines de quartiers sensibles présentent des signes inquiétants de repli communautaire aggravé, notamment sous l'influence de la montée en puissance de l'islam radical.

Huit critères ont été retenus par les RG pour définir les quartiers sensibles :

- un nombre important de familles d'origine immigrée, pratiquant parfois la polygamie ;

- un fort tissu associatif communautaire ;

- la présence de commerces ethniques ;

- la multiplication des lieux de culte musulmans ;

- le port d'habits orientaux et religieux ;

- les graffitis antisémites et anti-occidentaux ;

- l'existence, au sein des écoles, de classes regroupant des nouveaux arrivants ne parlant pas français ;

- la difficulté à maintenir la présence de Français d'origine.

Sur les 630 quartiers sensibles que surveillent les RG, la moitié serait ghettoïsés ou en voie de l'être. Cela concerne approximativement 1,8 million d'habitants des zones urbaines et périurbaines. Toutes les régions sont concernées par ce phénomène. A titre d'exemple, l'agglomération de Blois (Loir et Cher, 54 000 habitants), a priori modeste préfecture de la vallée de la Loire, compte une ZUP de 18 000 âmes, dans laquelle les forces de l'ordre ont de grandes difficultés à intervenir.

L'intégrisme

La caractéristique majeure de ces quartiers est : la violence, le non-respect de l'ordre républicain, le cumul de handicaps sociaux et culturels et la montée en puissance de l'islam radical. Les populations qui y vivent conservent les pratiques culturelles et les modes de vie traditionnels de leurs pays d'origine. Cela se traduit dans les faits par une forte endogamie, une pratique non négligeable de la polygamie, la connexion à des programmes de radio et de télévision étrangers, par l'émergence de modes de régulation sociale des conflits parallèles aux institutions et par une vie associative repliée, organisée en fonction de l'origine des immigrés.

Dans ces quartiers, on observe une perte de clientèle "européenne" dans les hypermarchés particulièrement fréquentés par des consommateurs musulmans portant le voile ou d'autres signes extérieurs religieux. Il y a souvent fermeture des commerces de proximité, soit parce qu'ils ne correspondent plus au marché local soit sous la pression ou la menace islamiste.

A Evry, la volonté des gérants d'un Franprix de ne plus vendre ni porc ni alcool avait provoqué, en 2002, la colère du maire qui dénonçait la ghettoïsation du quartier. La construction de nouvelles mosquées de grande taille - comme celle de Massy, en Essonne - regroupant plusieurs anciens édifices vétustes, risque fort d'accroître cette tendance. Les immigrés qui sont en voie d'intégration cherchent à quitter au plus vite ces quartiers sensibles.

Cette préoccupante dérive communautariste est aggravée par la récente montée en puissance d'un islam radical qui prospère dans ce contexte favorable. Les religieux extrémistes sont devenus des acteurs majeurs des zones sensibles et leur prosélytisme intégriste porte peu à peu ses fruits. Les signes de progression de l'islam radical se mesurent principalement au port d'habits religieux et à la différence croissante entre les modes de vie des hommes et des femmes dans ces quartiers. Les services du ministère de l'Intérieur évaluent de 30 000 à 50 000, le nombre de nouveaux convertis dans notre pays en quelques années, notamment parmi les jeunes.

Les Français convertis sont souvent les plus virulents, qu'il s'agisse des hommes épousant des femmes musulmanes et leur imposant un port strict du voile - pour montrer leur bonne application des "principes" de l'islam - ou des épouses françaises d'islamistes originaires d'Afrique du Nord. Selon un autre rapport des Renseignements généraux du 5 août 2003, les convertis à l'islam dans le département de l'Essonne représentent "un phénomène préoccupant et en pleine expansion".

Ces conversions sont notamment dues à la forte implantation, dans ce département, du mouvement Tabligh, une organisation piétiste indo-pakistanaise. Or, dès 1995, les RG considéraient que le Tabligh constituait l'organisation d'où émergeait, depuis une dizaine d'années déjà, la plupart des responsables de l'islam radical en France.

Les imams intégristes sont pour la plupart de nationalité étrangère, souvent en situation irrégulière et ne parlent pas - ou à peine - le français. Pourtant, ce sont eux qui détiennent aujourd'hui la véritable influence et non pas les institutions musulmanes de France ou la mosquée de Paris, lesquelles n'ont qu'un « contrôle » partiel sur leurs coreligionnaires.

Les antennes paraboliques

Un facteur-clé de la progression de l'islam radical est la télévision. La diffusion de certains programmes télévisuels, ainsi que la distribution de cassettes vidéos et la multiplication de sites internet, jouent un rôle clé dans l'islamisation. En effet, une proportion croissante de Musulmans, travaillés par les intégristes, écoute, depuis nos banlieues, les prêches fondamentalistes émis depuis le Yémen, le Soudan, le Pakistan et l'Arabie saoudite.

Et de plus en plus fréquemment, les islamistes radicaux cherchent à évincer les imams officiels des mosquées. On constate, depuis dix ans, l'essor des chaînes de télévision par satellite extra-européennes captées au moyen d'antennes paraboliques, implantées sur les toits et les balcons de nos banlieues, dont Al-Jazira, Al Arabiya ou Al-Manar sont les plus connues.

Plus de 10 millions de personnes y ont accès en France, plus de 100 millions en Europe. Certaines populations immigrées ont ainsi trouvé un moyen de rester en contact avec leurs communautés d'origine, en particulier de conserver des attaches linguistiques et culturelles.

Ce phénomène crée de véritables espaces politiques et religieux virtuels, dont les ressortissants, quoique présents sur notre sol, sont davantage en communion et en communication avec des valeurs et des interlocuteurs basés à l'étranger. Ainsi, dans nos banlieues, l'islam fondamentaliste se nourrit à la fois des frustrations locales et de l'actualité internationale (intifada palestinienne, exemple de Ben Laden, intervention américaine en Irak, etc.). Des responsables de lycées parisiens à forte proportion d'immigrés révèlent "nous vivons au rythme des événements du Moyen-Orient".

Or, certains programmes TV tiennent des discours opposés aux idées démocratiques ou de tolérance qui fondent notre système. C'est le cas de la chaîne du Hezbollah, diffusée un temps en France. Elle faisait à la fois du prosélytisme religieux - diffusant à longueur de journées des sourates du Coran - et tenait des propos ouvertement antisémites. Beaucoup de Musulmans radicaux, par rejet de la télévision occidentale, voient leurs sources d'informations réduites à ces seuls outils de propagande.

Lorsqu'on sait que les Français regardent la télévision en moyenne trois heures par jour, cela permet de saisir l'énorme pouvoir d'influence que peuvent avoir ces chaînes de télévision. C'est également le cas des sites internet islamistes hébergés hors de France, sur lesquels aucun contrôle n'est possible.

Une frange de notre jeunesse se laisse ainsi séduire par les sirènes d'une idéologie dont les buts sont ouvertement opposés aux valeurs de notre société démocratique. Dans les mosquées fondamentalistes, l'islam est inculqué aux populations par des prédicateurs radicaux qui tiennent un discours de rupture vis-à-vis des institutions républicaines et prêchent un racisme antifrançais exacerbé et un antisémitisme obsessionnel.

Les manifestations de ce militantisme actif se font sentir à de nombreux niveaux de la vie quotidienne. L'école est devenue le lieu d'une radicalisation des pratiques religieuses (ramadan, interdits alimentaires) et d'une remise en question de l'enseignement de certaines matières (histoire, sciences naturelles, mixité dans le sport). Dans les cités, les jeunes filles subissent des pressions constantes pour porter le voile et l'on constate une dégradation du statut des femmes vivant à l'européenne, qui sont régulièrement victimes d'injures et de violence.

Le milieu hospitalier est de plus en plus fréquemment le théâtre de revendications et de comportements nouveaux : couloirs transformés en lieux de prière, internes voilées, psychiatre étranger consultant, dans le sud de la France, avec le Coran sur la table, etc.

Certains soignants s'absentent régulièrement pour aller prier, réclament de porter le voile, s'interdisent de travailler avec un collègue de l'autre sexe dans l'intimité d'une chambre, etc.

Sous la pression de maris intégristes, les femmes demandent à être auscultées par des personnels féminins et refusent la consultation avec les hommes, y compris aux urgences ; certaines vont même jusqu'à accoucher en burqa. Un chef de clinique a été agressé au couteau par un homme d'origine africaine déchaîné à l'idée qu'un médecin touche sa femme.

Le phénomène s'observe jusque dans le milieu carcéral. Sous couvert de religion, certains détenus musulmans refusent toute autorité de la part du personnel féminin de l'administration pénitentiaire. Près d'une centaine de détenus, notamment les condamnés pour terrorisme, disséminés dans plusieurs prisons différentes, alimentent la contestation. Selon les RG, la promiscuité entre jeunes détenus de droit commun et islamistes convaincus se livrant au prosélytisme constitue une bombe à retardement car elle renforce la collusion entre le monde du crime et les islamistes.

La laïcité

Selon Tariq Ramadan, dont les avis sont très écoutés dans la communauté musulmane, un croyant doit respecter les lois de son pays d'accueil tant que ce cadre ne s'oppose pas à un principe islamique. Dans une de ses cassettes, il insiste : "*Tout ce qui dans la culture dans laquelle nous vivons ne s'oppose pas à l'islam, on peut le prendre*". Ce qui exclut le reste. Il est également très clair sur le fait que "*les Musulmans doivent militer pour faire évoluer la laïcité de façon à ce qu'elle coïncide avec leur vision fondamentaliste et politique de l'islam*".

Or, en France, depuis 1905, les lois de la République sont supérieures aux pratiques culturelles et religieuses. La laïcité ne signifie pas le déni de la religion. La loi républicaine permet à la religion de demeurer dans la sphère privée, rendant ainsi possible la cohabitation pacifique et harmonieuse des différents cultes et offrant la possibilité de croire ou de ne pas croire. Elle assure la paix religieuse et la liberté de culte dans les limites de la loi.

L'affaire du voile à l'école en a été l'illustration. Elle a culminé en décembre 2003, au moment de la remise du rapport de la Commission de réflexion sur l'application du principe de laïcité dans la République, présidée par Bernard Stasi. Face à cette progression significative de l'islam radical et au discours anti-républicain qu'il véhicule, le ministère de l'Intérieur a accru sa surveillance des milieux fondamentalistes et les autorités ont été amenées à réagir devant des actes et des comportements qui sont en contravention totale avec nos lois.

Début décembre 2003, à Fontenay-aux-Roses et à Antony (Hauts-de-Seine), deux associations musulmanes s'occupant d'enfants en bas âge ont été fermées en raison de leur proximité avec les milieux islamistes. Des cours d'arabe et de Coran étaient dispensés à des enfants de 4 à 6 ans par des prédicateurs notoirement salafistes. En janvier 2004, il en a été de même à Argenteuil (Val d'Oise). Mais surtout, plusieurs imams ont été pris en flagrant délit de diatribe anti-occidentale en régions parisienne et lyonnaise.

En réaction, depuis le début de l'année 2004, sept prédicateurs radicaux ont été l'objet d'arrêtés d'expulsion:

- deux imams turcs appartenant au mouvement extrémiste Kaplan, ont été expulsés le 6 janvier pour « propos antisémites et anti-occidentaux »

- Abdelkader Yahia Cherif, Algérien de 35 ans prêchant à Brest, a été expulsé le 14 avril 2004 en raison de son « prosélytisme en faveur d'un islam radical » et de ses « relations actives avec la mouvance islamiste prônant des actes terroristes »

- Chellali Benchellali, père d'un des détenus français libéré de Guantanamo arrêté en Afghanistan, a été mis en examen, écroué et est en attente d'expulsion pour « association de malfaiteurs en relation avec une entreprise terroriste »

- Abdelkader Bouziane, l'imam de Vénissieux a été expulsé le 20 avril 2004 pour «complicité d'apologie de crime et provocation directe non suivie d'effet à porter atteinte à l'intégrité d'une personne » il a également défendu la polygamie dans une interview à un quotidien lyonnais. Mais il a pu revenir en France suite à l'action de son avocat. Il est considéré par les RG comme le chef spirituel des groupes salafistes en France.

- Ali Yashar, irakien, imam de la mosquée d'Argenteuil, est considéré par les RG comme l'un des principaux propagandistes de la doctrine salafiste en Ile de France. Ecroué depuis le 10 mai 2004.

- Midhat Güler, responsable du mouvement extrémiste turc Kaplan en France, a été expulsé le 19 mai 2004 pour « incitation à la haine de l'Occident dans les sermons et glorification du djihad ».

Mais les autorités, dans un souci légitime d'évitement des tensions intercommunautaires, font généralement preuve d'une retenue étonnante dans l'application des lois républicaines. Selon un fonctionnaire de la préfecture de police, *"il y a un fossé entre la loi et la gestion des situations au quotidien (...) il est difficile de demander à une femme d'enlever son voile lors d'un contrôle d'identité"*.

Pourtant, nos voisins belges, dont les lois antiterroristes sont moins abouties que les nôtres, n'ont pas hésité à imposer la nécessité de faire voir son visage lors de contrôles d'identité. Jean Chabrol, le directeur départemental de la Sécurité publique des Yvelines, craint *"qu'un fonctionnaire de police refusant de prendre la plainte d'une femme voilée ne soit pas soutenu par la hiérarchie"*.

Un cas est particulièrement symptomatique : celui d'une jeune femme originaire d'Afrique du Nord, gardien de la paix au 2e district de la division de l'ordre public et de la circulation de la préfecture de police de Paris. Le 25 août 2004, elle refuse, pour des raisons religieuses, d'enlever le voile qu'elle porte sous sa casquette.

Le lendemain, pour les mêmes motifs, elle ne veut plus serrer les mains de ses collègues masculins et refuse également de porter bâton et menottes. Cette affaire est remontée jusqu'au préfet de police de Paris, là où une simple sanction disciplinaire du chef de service aurait suffi pour tout autre fonctionnaire.

La sociologie

Si la France compte plus de 5 millions de Musulmans, l'immense majorité d'entre eux sont des citoyens paisibles. La proportion d'islamistes radicaux ne représente que 5 à 10% de cette communauté, soit 300 000 à 500 000 personnes (0,5% à 1% de la population totale).

Mais leur activisme est intense. La ghettoïsation des banlieues et la montée en puissance de l'islam intégriste dans les quartiers sensibles, essentiellement peuplés de populations immigrées, sont symptomatiques du malaise profond des communautés musulmanes de France, tout particulièrement des jeunes hommes de la troisième génération de l'immigration, en échec d'intégration.

Nous sommes ainsi confrontés à un problème sociologique profond au carrefour de quatre problématiques : celle de la jeunesse, celle des banlieues, celle de l'intégration des immigrés et celle de l'islam.

La première génération, arrivée au cours des années 1960 (les grands-pères), venait en France chercher du travail, sans objectif prémédité de s'installer durablement en métropole. Certains s'y implantèrent finalement. Dès lors, la finalité pour la seconde génération (les pères) était l'intégration complète dans la société française.

Ils n'ont donc pas cherché à transmettre à leurs enfants le patrimoine culturel de leur pays d'origine - au-delà d'une tradition familiale - se voulant désormais citoyens français. Soucieux de s'intégrer dans la nation, ils ont élevé leurs enfants dans une logique française.

Mais aujourd'hui, la troisième génération constate l'échec relatif de la tentative d'intégration de la précédente, tout en n'ayant elle-même que très peu de perspectives. Ils reprochent à leurs parents et à leurs grands-parents de s'être trompés quant à leurs chances de réussite en France. Aussi, ces « fils » se retournent-ils vers leur autre culture grâce à laquelle ils espèrent retrouver une identité qui ne leur semble pas possible d'acquérir en France. Mais ils n'ont aucune notion réelle de cet héritage patrimonial car ni leurs pères ni leurs grands-pères n'ont jugé utile de le leur transmettre.

Ils sont donc doublement déphasés. Il y a ainsi un phénomène de rupture entre les générations d'immigrés, les jeunes se sentant doublement floués de n'être pas intégrés dans la société française et de n'avoir pas reçu l'héritage culturel du pays d'origine de leurs ascendants.

Une partie importante d'entre eux se replie, avec beaucoup de passion et d'excès, sur les valeurs islamiques, perçues comme un retour aux sources. Cela explique en partie que les plus virulents d'entre eux, dans cette quête de leur identité d'origine, adoptent des comportements religieux bien plus intégristes que ceux de leurs parents.

Par ailleurs - et dans la même logique - derrière la volonté d'imposer le port du foulard aux femmes, s'exprime un phénomène de réappropriation de la virilité des jeunes d'origine nord-africaine. En effet, leurs sœurs et leurs femmes s'intègrent beaucoup mieux qu'eux dans la société française : par le biais des études supérieures qu'elles réussissent, par le biais de mariages mixtes, par l'adoption d'une féminité occidentale, etc.

Les jeunes hommes qui n'arrivent pas à ce résultat souhaitent notamment remettre les femmes "à leur place" et prendre une revanche ; d'où le rôle emblématique du foulard et l'écho que reçoivent les prêches intégristes sur le rôle de la femme dans la société islamique.

A travers l'adhésion à l'islam radical - jusque dans ses manifestations djihadistes - il y a aussi une forme de romantisme révolutionnaire. Quelle que soit la raison de leur non-intégration, les jeunes des banlieues sont assoiffés d'aventure virile comme on peut logiquement l'être à la sortie de l'adolescence. Une partie des activistes parvenus jusqu'en Afghanistan, répond à ce type de logique.

A l'origine, jusqu'au 11 septembre 2001, l'islam et le djihad n'étaient pas en contravention avec les lois françaises. Certains jeunes partaient s'entraîner puis se battre contre les Soviétiques en Afghanistan, c'est-à-dire contre l'ennemi de l'Occident, soutenus par les Etats-Unis. Puis les conflits en ex-Yougoslavie et en Tchétchénie ont été de nouveaux «terrains de jeux».

Pour beaucoup, le recrutement par les imams était le début de l'aventure : on leur remettait de faux papiers, de l'argent liquide, des ordres et des courriers à transmettre. Ils partaient à Londres rencontrer d'autres Musulmans et avaient parfois des contacts clandestins. C'était la grande aventure, comme beaucoup de jeunes gens rêvent de la vivre.

Il faut considérer à ce titre que la suppression du service militaire a eu un effet négatif. Par le passé, nombre de jeunes Français près de sombrer dans la délinquance ont trouvé les valeurs qui leur manquaient après un séjour exigeant sous les drapeaux, dans un régiment parachutiste ou d'infanterie de marine. Les jeunes des banlieues d'aujourd'hui s'inscrivent pleinement dans un tel phénomène.

Enfin, il y a l'impact du décalage entre les rêves des jeunes et la réalité, conséquence directe de la facilité dans laquelle les nouvelles générations ont été élevées. Si l'on excepte le sport et les médias, qui peuvent permettre aux plus doués de connaître une réussite fulgurante en quelques années, force est de constater qu'il y a un fossé énorme entre ce dont ces jeunes rêvent et ce qu'ils peuvent effectivement réaliser. Le travail n'est pas pour eux une valeur, d'autant que leur absence de diplôme les conduira vers des postes sans attrait, faiblement rémunérés. Ce n'est donc pas en travaillant qu'ils réaliseront leurs rêves.

La délinquance, puis la criminalité sous toutes ses formes, sont des activités plus prometteuses à leurs yeux. Cette « entrée » dans l'illégalité n'est guère combattue par les parents qui n'ont sur leurs fils qu'une influence limitée, en raison du divorce intra-générationnel évoqué plus haut. Il y a donc une alliance objective - quoique non systématique - entre les délinquants et les « barbus » pour faire des banlieues sensibles des zones de non-droit dans lesquelles la police ait le plus grand mal à pénétrer. A l'écart de l'ordre républicain, l'islamisme radical et la criminalité peuvent ainsi se développer et donner naissance à de véritables réseaux terroristes.

L'Islam terroriste

De tous les pays occidentaux, c'est la France qui a été, le plus tôt, confrontée au terrorisme islamique, sur son sol comme à l'étranger. Depuis plus d'un quart de siècle, ses services de police et de renseignement travaillent sur cette menace que Paris a été le premier à dénoncer comme le danger majeur du XXIe siècle, sans être suivi, au début, par ses alliés.

La confrontation de la France avec le terrorisme islamique a revêtu trois visages successifs et différents :

- les actions terroristes chiites impulsées par l'imam Khomeiny au cours des années 1980, manifestation du terrorisme d'Etat iranien

- les attentats de réseaux algériens, en prolongation du conflit ensanglantant leur pays, au cours des années 1990. Ces actes ont illustré une nouvelle collusion entre le terrorisme et le grand banditisme (réseau Khaled Khelkal notamment)

- les réseaux liés à la nouvelle dynamique Ben Laden, à partir des années 2000, dont certains sont solidement implantés au cœur de notre société, dans nos villes et dans nos banlieues.

Si au cours de la décennie 1980, le terrorisme islamique était exogène, au cours des années 1990 et 2000, les nouveaux réseaux djihadistes implantés sur notre territoire n'ont cessé de prendre de l'ampleur. Depuis 15 ans, les connexions entre les banlieues, le terrorisme international, la criminalité et l'islam radical n'ont fait que se renforcer. Ce phénomène trouve son aboutissement avec la présence de ressortissants français dans les camps d'entraînement taliban en Bosnie et aux côtés d'Al-Qaeda, au Maroc, en Australie, en Tchétchénie et, plus récemment, en Irak.

La cause terroriste

La lutte contre le terrorisme islamiste, consécutive aux attentats du 11 septembre 2001 et à la campagne d'Afghanistan, a révélé l'existence de filières de recrutement djihadistes sur notre territoire, à Paris comme en province. Certes, le phénomène n'est pas nouveau. Le coup de filet commun des RG et de la DST dans les milieux islamistes proches du GIA, en 1993, avait donné lieu à 105 interpellations et à de nombreuses condamnations.

Un an plus tard, la police découvrait qu'une partie des activistes du réseau ayant perpétré les attentats de Marrakech en 1994 avaient suivi un entraînement militaire en Asie centrale. Combien de jeunes des banlieues ont-ils séjourné dans les camps du djihad ? Quelles sont leurs motivations ? Que sont-ils devenus ? Les questions ne manquent pas. Il est essentiel de comprendre le processus qu'est susceptible de suivre un jeune Français épousant la cause islamiste.

La majorité des jeunes de nos banlieues n'accueille pas toujours les imams prédicateurs à bras ouverts, car ceux-ci prêchent des attitudes contraires à leur mode de vie (femmes, voitures, argent, voire alcool et trafics). Les « barbus sectaires » touchent surtout les plus fragiles psychologiquement, ceux qui recherchent un idéal ou une structure de pensée les rassurant.

La population « travaillée » par les « prêcheurs de haine » n'est pas homogène ; elle se compose d'individus de différentes origines : des Français d'origine nord-africaine (beurs), des jeunes issus de couples mixtes, des Français de souche, convertis à l'islam - qui sont parfois les plus exaltés - des

Antillais et des ressortissants nord-africains - algériens notamment - vivant ou séjournant dans nos banlieues.

L'effet de la prédication sur ces jeunes entraîne des transformations fondamentales qui les conduisent à une adhésion intégrale à la religion du Prophète et à ses valeurs les plus intégristes, puis à une fuite en avant vers le prosélytisme, la lutte et le terrorisme. Tel a été le cas d'Hervé « Djamel » Loiseau, retrouvé mort dans les montagnes afghanes. Mais le plus souvent le jeune qui s'engage dans le djihad ne connaît en fait pas grand-chose à l'islam, si ce n'est les quelques versets que citent aussi les pourfendeurs de la religion du Prophète, pour dénoncer le caractère belliciste de cette religion

La Haine contre la France

Salafia est un terme arabe qui signifie «les pieux prédécesseurs». Ce mouvement enjoint les musulmans à se référer aux compagnons du Prophète Mohammed. Seuls, ou presque, le Coran et les Hadiths (les « dits » du Prophète) font loi. Le wahhabisme, né à partir de la fin du XVIIIe siècle, a structuré le salafisme contemporain vu comme un « réveil » musulman. Mais l'on peut en faire remonter les origines à Ibn Taymiyya au XIVe siècle de notre ère, à une époque où le Moyen-Orient est « cerné » par les Mongols et les Croisés.

On estime les salafistes au nombre de 20000 personnes en France. Il s'agit de Français ou de convertis. Ils ne cherchent pas du tout à être reconnus dans la société, à la différence des Frères musulmans et d'un Tariq Ramadan qui prônaient l'action politique pour lutter contre ce qu'ils percevaient comme un rejet des musulmans. Les salafistes quiétistes, les plus nombreux, sont dans une quête de sens et de religiosité. Ils recherchent un idéal de pureté et font de la prédication.

Cela séduit les personnes en rupture avec la société, dans les territoires relégués, mais aussi parmi les classes moyennes, notamment des jeunes gens, filles ou garçons, qui sont en révolte contre leurs parents. Concernant la mouvance « djihadiste qui ne représente qu'une minorité des salafistes, c'est aussi le besoin d' « aventure » et « d'héroïsme ». Leur slogan pourrait être « Faites la guerre, pas l'amour !» Ils sont contre les valeurs libérales. Ils rejettent tout le monde et à leurs yeux, le musulman impur est encore pire qu'un chrétien ou un juif.

Les Frères musulmans exerçaient une pression et détenaient une sorte de magistère. Ils avaient tendance à prendre de haut ceux qui ne parlaient pas arabe. De plus, des directives pouvaient venir de l'extérieur. Les salafistes, même s'ils travaillent avec des intermédiaires parfois formés à Médine, en Arabie Saoudite, sont libres de se constituer en communautés ou en cellules. Il y a, dans ce mouvement, un côté étonnamment moderne.

Au contraire de l'islamisme, le salafisme n'est donc ni un mouvement religieux à revendication politique, ni une organisation à proprement parler, plutôt une tendance de « régénération » de la foi et de réislamisation de la société. Un salafiste peut être considéré comme un musulman « ultra-orthodoxe ».

Le salafisme prône :

- le retour à l'islam des origines par l'imitation de la vie du Prophète, de ses compagnons et des deux générations suivantes ;

- le respect aveugle de la sunna (tradition islamique, comprenant le Coran, les hadiths et la sira).

- toute interprétation théologique, en particulier par l'usage de la raison humaine, accusée d'éloigner le fidèle du message divin ;

- toute piété populaire ou superstition, comme le culte des saints, jugé contraire à l'unicité de Dieu (tawhîd) ;

- toute influence occidentale, comme le mode de vie et la société de consommation, mais également la démocratie et la laïcité.

En France, dans les années 1980, les salafistes ont d'abord été assimilés à des fondamentalistes ou des traditionnalistes. Les années 1990 et la guerre civile algérienne ont donné une tribune aux prédicateurs salafistes dans les banlieues françaises, qui acquièrent une nouvelle visibilité grâce à l'Internet. Plus récemment, de jeunes convertis et d'autres issus de l'immigration ayant tenté la hijra (l'installation en Arabie séoudite) en sont revenus déçus. Se concevant comme une groupe social communautaire « puriste », confortés par l'émergence des salafistes tunisiens et égyptiens lors des « printemps arabes », ils contestent davantage l'influence des Frères musulmans.

Aujourd'hui, le salafisme se décline en trois courants principaux:

- Le salafisme « cheikhite » ou quiétiste, inspiré par le wahhabisme et les cheikhs implantés en Arabie séoudite, en Jordanie ou au Yémen, peut être considéré comme le plus littéraliste et le plus largement majoritaire à travers le monde. Uniquement préoccupé de vivre en symbiose avec les prescriptions coraniques, celui qui adopte cette forme de salafisme « de prédication » professe un certain mépris pour la vie sociale et politique et les courants engagés en politique, tels les Frères musulmans. Sous l'égide du cheikh Mohammad Nasser Al Dîn Al Albani (mort en 1999), du Yéménite Moukbil ou de l'imam algérien de Marseille, Abdelhadi Doudi, cette stratégie s'appuie sur une prédication non violente et non directement politique. La foi « revivifiée » doit naturellement transformer la société et, par-delà, le monde entier.

- Al Sahwa al Islamiya (« le Réveil islamique »), une tendance directement inspirée d'un courant plus politique, conduite en 1991 par les deux cheikhs wahhabites Salman Al Awda et Safar Al Hawali contre feu le roi Fahd après la première guerre du Golfe. Il trouve son origine dans la vive protestation d'une partie des oulémas contre l'entrée de l'armee américaine en Arabie séoudite.

En Algerie, Ali Belhadj se réclamait d'Al Albani mais le FIS recevait Al Awda avec tous les honneurs dans de son plus grand meeting en 1991 dans un stade d'Alger. L'influence des deux personnages a diminué en raison de la montée du salafisme radical et autres tendances réformistes. Hawali fut atteint, en 2005, d'une forte hémorragie cérébrale ; quant à Awda, qui ne se situe plus sur le terrain de la contestation, ses relations avec le royaume séoudien sont désormais au beau fixe.

La référence la plus citée de ce courant reste le Syrien Mohammad Sourour, qui veut rétablir le pouvoir des religieux face aux politiques. Ayant vécu longtemps à Birmingham, en Grande-Bretagne, il y a créé le Centre islamique, toujours en activité. Ce courant minoritaire accepte de se lancer dans la politique quand ils estiment que l'identité islamique est remise en cause en Occident. Nés et ayant grandi en Occident, ces salafistes sont prêts à négocier leurs votes auprès des élus. Dans ces cas, ils deviennent des concurrents directs des Frères musulmans, avec lesquels ils partagent alors une stratégie d'entrisme dans la vie politique et se disputent la même clientèle.

• Le salafisme « jihadiste » suit, lui, une ligne révolutionnaire : il constitue la base intellectuelle du terrorisme et des opérations suicide, encourageant des actions violentes contre les Occidentaux. Inspiré par l'expérience du Frère musulman égyptien Sayyed Qotb ou du Jordanien Abou Mohamed Al Maqdissi, il statue que tout musulman a l'obligation, où qu'il soit, de porter le fer contre ceux, musulmans ou non, qui oppriment les « musulmans pieux ».

Né au cours de la guerre contre les Soviétiques en Afghanistan durant les années 1980, ce courant est le fruit de la rencontre entre la doctrine traditionnaliste séoudienne et la stratégie de prise de pouvoir des Frères musulmans. C'est sur ce terrain mythique témoin de la victoire des moudjahidin contre la puissante URSS, que la plupart des liens se sont créés entre les futurs terroristes islamistes de la planète, depuis la Jamaah islamiya indonésienne jusqu'au GICM (Groupe islamiste combattant marocain). Dès lors, les salafistes jihadistes se prononcent pour le combat armé destiné à libérer les pays musulmans des occupations étrangères et des régimes jugés impies. Ils fustigent à la fois les islamistes pour leur manque de piété et les autres courants salafistes pour leur « hypocrisie » face aux États occidentaux.

Ce jihadisme est celui mené par Al Qaïda et développé par Al Zawahiri et Abou Mossab, qui portent la lutte à l'échelle mondiale tandis que d'autres privilégient d'abord le combat dans un cadre national (Tchétchénie, Irak, Palestine, Algérie). La dimension meurtrière de ce jihad est favorisée par la diffusion d'images sur vidéocassettes, CD-Rom et sur l'Internet, et culmine dans la seconde moitié des années 1990 jusqu'aux attentats du 11 septembre 2001, de Bali (2002), de Madrid (2004) et de Londres (2005). Son action est néanmoins battue en brèche dès le lendemain des attentats de New York.

L'intervention de l'OTAN en Afghanistan, l'interdiction progressive de toutes les cellules de soutien telles celles de certaines ONG et le volontarisme de tous les États auparavant rétifs à s'attaquer aux bases arrières du terrorisme (Royaume-Uni, Malaisie, Afrique de l'Est) ont considérablement limité le champ d'action du terrorisme jihadiste, même si le Pakistan et l'Afghanistan restent les maillons faibles du dispositif en offrant l'asile aux derniers combattants.

Les États musulmans eux-mêmes alternent les politiques de répression avec celles du « rachat », permettant aux anciens jihadistes de s'amender. Ainsi l'amnistie des repentis en Algérie a-t-elle peut-être permis l'arrêt de la guerre civile en 1997. La politique plus subtile des autorités égyptiennes qui ont négocié dès 1997, avec les membres de la Gamaa islamiyya le repentir dans leur prison, en est un autre exemple. Toutefois, les flux continus des jihadistes en Irak et la permanence des bases salafistes, bien que majoritairement quiétistes, prouvent que le terreau du jihadisme demeure vivace.

On assiste depuis 2011 à l'effacement spectaculaire d'Al Qaïda, dont la mort du chef Ossama Ben Laden, en mai 2011, a constitué le point d'orgue. Les mouvements religieux, tant islamistes que salafistes, n'ont pas participé au déclenchement des soulèvements populaires dans le monde arabe et les tentatives de récupération ont plutôt consacré la montée des islamistes « politiques », tels Annahda en Tunisie et les Frères musulmans en Égypte.

Il n'en reste pas moins que cette petite minorité de salafistes fait une lecture « révolutionnaire » de l'islam, qui rendrait légitime l'usage de la violence. Ils se voient comme des combattants pour une cause « juste »: l'instauration d'un État islamique qui préfigurera l'avènement de la justice de Dieu sur terre.

En France

La France constitue un véritable pôle de l'organisation en Europe. Les salafistes européens, âgés de 18 à 35 ans environ, sont un phénomène nouveau. Les salafistes sont estimés entre 20.000 et 30.000, dont un quart à un tiers de convertis issus de milieux catholiques ou protestants (Français « de souche métropolitaine », Antillais, Congolais, Zaïrois...). Ces derniers, désirant « compenser » une vie jusque lors éloignée de l'islam, sont souvent les plus radicaux.

Les salafistes « quiétistes » sont légalistes et se soumettent au système législatif européen, meme si une loi contrevient à un principe religieux ; c'est le cas pour le voile des femmes, que les « quiétistes » ont appelé à ne pas porter si la loi l'exigeait. De la même façon, ils ont condamné toute forme de violence politique et d'actions terroristes après les attentats du 11 septembre, certains conseillant même aux musulmans occidentaux à collaborer avec les services de sécurité pour dénoncer une personne ou une organisation prônant la violence

C'est le changement de stratégie de la France, qui a décidé en août 2014 de rejoindre la coalition internationale, qui explique le changement de stratégie de l'EI, qui est passé depuis plus d'un an à une stratégie de djihad global, comparable à ce que faisait Al-Qaïda, et non plus à une stratégie de gain territorial et militaire."

Abou Mohammed al-Adnani, le porte-parole officiel de Daesh, a encouragé les djihadistes à travers le monde à tuer tous les ressortissants des pays membres de cette coalition. Néanmoins, l'impact de l'engagement français dans la coalition n'est pas le déclencheur de la haine particulière des djihadistes de l'Etat islamique envers la France.

Tous rêvaient de faire des attentats en France, même avant que la stratégie de l'EI ne passe d'un djihad régional à un djihad global. Mehdi Nemmouche revient pour commettre ses attentats en Europe avant qu'il existe une consigne en ce sens de l'EI.

La France est l'incarnation d'un projet universaliste rejeté par Daesh et que c'est aussi le pays colonisateur qui en a le plus renié les valeurs dans ses pratiques coloniales, notamment en Algérie.

Mais alors, pourquoi la France est-elle plus touchée que le Royaume-Uni, par exemple, qui est également membre de la coalition et qui a un passé colonial tout aussi chargé et peu glorieux ? Car celui de la France était principalement concentré au Maghreb, or les Maghrébins sont nombreux dans les rangs de l'EI.

La France est aussi le pays d'Europe qui compte le plus grand nombre de ressortissants au sein de l'EI. Au sein de l'EI, tous les combattants francophones combattent ensemble – Français, Belges, Maghrébins – et fournissent potentiellement beaucoup plus de volontaires que les anglophones par exemple. Sans compter que la France est aussi bien plus facile d'accès que les Etats-Unis ou le Royaume-Uni car sur le continent européen.

Mais au-delà de l'histoire géopolitique de la France, une raison idéologico-religieuse est à mettre dans la balance: l'unité de la France, d'après le chercheur, a été obtenue grâce à l'exclusion de la religion, considérée comme source de conflits, alors que dans les autres pays, cela s'est fait plus en douceur.

La France a plus de mal que les autres à trouver son identité et à assumer son passé chrétien. Être français ne peut se résumer à une adhésion aux principes républicains. Cette fragilité est très bien perçue par ceux qui veulent nous détruire. Les débats sur la laïcité ou encore la loi sur le voile n'ont rien arrangé. La stratégie de Daesh est donc de prouver que l'idéologie que porte le principe de laïcité en France n'est pas tenable.

L'État islamique essaie de faire en France ce qu'il a parfaitement réussi en Irak, en multipliant les violences envers certaines communautés, à savoir finir par convaincre les différentes communautés qu'elles ne pouvaient plus vivre ensemble.

Le chiffre

Neuf-cent trente personnes venant de France sont actuellement impliquées dans le djihad en Irak et en Syrie annonce le ministre de l'Intérieur, Bernard Cazeneuve. Selon le ministre, «350 sont sur place, dont 60 femmes. Environ 180 sont repartis de Syrie et 170 sont en transit vers la zone». «230 ont exprimé des velléités de départ. À ce total de 930 s'ajoutent 36 personnes décédées là-bas», a-t-il précisé.

En France, environ 950 personnes sont impliquées dans les filières syriennes, qu'elles y combattent actuellement (350), qu'elles soient en transit (150), rentrées (180), ou qu'elles aient des velléités de départ (220), selon un récent rapport parlementaire. Concernant les départs évités ces derniers mois à la suite de la mise en place de la plate-forme de signalement depuis le printemps, Bernard Cazeneuve a indiqué que «au moins 70 départs» ont pu être évités sur «350 signalements, dont 80 mineurs et 150 femmes»

Une organisation étatique

Depuis plus d'un an, le paysage djihadiste se recompose avec, selon les termes de M. Jean-Charles Brisard, «le déplacement de l'épicentre du djihad mondial de la zone afghano-pakistanaise vers la zone syro-irakienne».

L' «État islamique», aussi connu sous le nom de Daech, a émergé progressivement, notamment sous l'influence du jordanien Abou Moussab al-Zarqaoui qui a fondé la première organisation active sur le sol irakien à la suite de l'intervention américaine en 2003, organisation qui s'est transformée en Al-Qaïda en Irak pour devenir ensuite l'État islamique.

Toujours selon M. Jean-Charles Brisard, «cet avènement s'est appuyé sur la déliquescence des États syrien et irakien, sur la force d'attraction du conflit en Syrie et, pour partie, sur l'attentisme de la communauté internationale, qui a mis longtemps à réagir à la progression de ces réseaux».

Comme cela fut souligné devant la commission d'enquête, Daech se distingue de toutes les autres organisations djihadistes depuis trente ans, à commencer par Al-Qaïda, par trois aspects :

– son assise territoriale : il contrôle désormais un territoire aussi vaste que le Royaume-Uni, abritant environ 8 millions de personnes ;

– sa force d'attraction, sa capacité de mobilisation sans précédent – plus de 20 000 combattants étrangers ont rejoint la zone syro-irakienne depuis trois ans –, avec une stratégie de propagande et de recrutement adaptée aux modes de pensée et de représentation du monde des candidats potentiels au djihad ;

– sa puissance financière : selon le Centre d'analyse du terrorisme, le revenu annuel théorique de l'organisation s'établit à près de 3 milliards de dollars par an, et sa richesse, en comptant l'ensemble des réserves – pétrole, gaz naturel, etc. – qui sont à sa disposition, représente plus 2 000 milliards de dollars. Certes Daech a subi – exactement comme un État – les effets des bombardements, des embargos et de la chute du prix du pétrole. Par ailleurs, il connaît des contraintes, comme l'obligation de payer « ses fonctionnaires ».

Mais ainsi que cela fut souligné devant la commission d'enquête, «le jour où Daech cherchera à exporter sa guerre en Occident, y compris pour résoudre des problèmes internes, nous aurons face à nous un organisme criminel dont les ressources auront atteint plusieurs milliards de dollars».

Cette autosuffisance financière rompt avec le modèle économique de réseaux tels qu'Al-Qaïda, qui, selon M. Jean-Charles Brisard, «dépendait de financements extérieurs provenant de donateurs privés ou institutionnels, notamment des ONG islamiques du Golfe ». De même, les transactions internationales et les financements d'origine criminelle – extorsions, rançons – sont limités. Ces particularités amènent à renouveler les méthodes de lutte contre le financement du terrorisme sur lesquelles votre rapporteur reviendra ultérieurement.

Comme l'a fait remarquer M. Jean-Charles Brisard, avec Daech, Al-Qaïda est, pour la première fois depuis sa création en 1988, confrontée à une organisation développant un modèle concurrent du sien. La structure d'Al-Qaïda a évolué : elle est passée d'une organisation élitiste et combattante à une organisation multipolaire ayant de nombreux affiliés, puis à un mouvement attrape-tout, inspirateur plus qu'acteur opérationnel. Al-Qaïda a laissé la place, d'abord à des structures affiliées, puis à des organisations combattantes locales, telle Jabhat al-Nosra en zone irako-syrienne. D'une certaine manière, elle s'est déterritorialisée et dématérialisée.

Si Al-Qaïda et l'État islamique luttent pour l'hégémonie en matière de djihad mondial, les passerelles sont multiples entre les deux organisations, sur le terrain comme sur le plan idéologique. En témoignent les allégeances, soutiens et autres ralliements constatés récemment de la part de groupes précédemment affiliés à Al-Qaïda ou faisant dissidence.

Dans l'univers djihadiste, il existe également des liens qui transcendent les organisations.

L'histoire a montré que les réseaux interpersonnels perdurent, que ces réseaux peuvent se reconstituer rapidement et s'adaptent en permanence par nécessité ou opportunisme. Un exemple récent de cette situation nous a été donné avec les attentats de Paris,

opération coordonnée entre les frères Kouachi et Amedy Coulibaly alors que les premiers et le second se réclamaient d'organisations distinctes.

Par ailleurs, comme le souligne M. Laurent Fabius, un phénomène très inquiétant est apparu récemment : « dans plusieurs pays, des groupes terroristes ont prêté allégeance à Daech, comme dans une logique de « franchise ». Cela accrédite la thèse selon laquelle Daech serait à la tête d'un « djihad global » et cela fait craindre une émulation dans l'horreur. »

Cela fait de nombreuses années que les djihadistes considèrent la civilisation occidentale en général et, peut-être en raison de sa place prééminente dans le concert des nations et de sa politique étrangère, la France comme leur ennemie. Depuis les attentats du mois de janvier 2015, cette haine contre notre pays semble avoir pris un tour nouveau, avec de véritables appels à la haine et au meurtre lancés par Daech.

Lors de son audition, M. Louis Gautier, secrétaire général de la défense et de la sécurité nationale, a rappelé qu'Al-Qaïda dans la péninsule arabique (AQPA) avait «désigné notre pays comme l'ennemi principal devant les États-Unis. La France intervient dans des conflits extérieurs et défend un modèle républicain de sécularisation qui la désigne comme cible. Les messages hostiles à notre pays sont relayés sur internet et proviennent de nombreux groupes terroristes qui l'ont stigamisée de manière récurrente.»

Pour autant, la commission d'enquête ne considère pas qu'un changement d'orientation de la politique étrangère de la France résoudrait les problèmes liés au djihadisme et repousse l'idée selon laquelle la présence de forces françaises à l'étranger, parfois dans des pays majoritairement musulmans, serait de nature à favoriser le terrorisme.

Votre rapporteur est ainsi en plein accord avec M. Laurent Fabius, ministre des affaires étrangères et du développement international, lorsqu'il déclare : «Il faut, pour éviter tout sophisme, souligner ce qui est : ce n'est pas parce que la France intervient militairement à l'étranger qu'elle est visée par le terrorisme, c'est pour lutter contre le terrorisme qu'elle intervient à l'étranger.

Certains peuvent avoir l'idée que si nous nous replions sur nous-mêmes et que nous ne faisions rien, il ne nous arriverait rien. Cette vision est erronée. Nous faisons partie d'une chaîne, nous assumons notre part et je salue la valeur et le courage de tous ceux qui travaillent à la sécurité collective. »

Radicalisation

Le phénomène que connaît actuellement la France est largement inédit, tant au regard de son ampleur que de sa nature. Ainsi que le montre le graphique ci-après, le nombre des Français ou résidents français concernés par les filières irako-syriennes connaît depuis janvier 2013 une constante augmentation. Les djihadistes quittant la France rejoignent principalement les rangs de Daech et, dans une moindre mesure ceux de Jabhat Al-Nosra, organisation affiliée à Al-Qaïda.

D'après les chiffres communiqués par le ministre de l'Intérieur le

19 mai 2015, 1 683 individus ont été recensés, ce qui représente un triplement depuis janvier 2014. Les chiffres communiqués à la date du 26 mai font état de 1 704 personnes impliquées.

Ce nombre recouvre des situations différentes et on distingue parmi ces personnes :

- 457 individus présents en Syrie ou en Irak, dont 137 femmes et 80 mineurs (dont 45 jeunes filles) ;

- 320 individus considérés comme en transit entre la France et la Syrie ;

- 278 individus détectés comme étant repartis de la zone, dont 213 sontrevenus en France ; les autres sont principalement localisés en Turquie et dans les pays du Maghreb ; depuis les premières frappes de la coalition en septembre 2014, le nombre de volontaires ayant regagné la France est passé de 121 à 212, soit une progression de 57 % ;

- 105 présumés morts dont 8 dans des opérations suicides ;

- 2 détenus en Syrie ;

- 521 ayant des projets de départ.

L'ampleur de la menace terroriste djihadiste est donc sans commune mesure avec ce qu'elle a pu représenter dans les années 1990 et 2000, avec les filières afghanes, bosniaques ou tchétchènes. Ainsi, une quarantaine de djihadistes Français seulement avaient combattu en Afghanistan au cours de la dernière décennie.

De l'avis de plusieurs personnes entendues par la commission d'enquête, ces chiffres ne reflètent probablement pas toute l'ampleur du phénomène des départs vers la zone irako-syrienne, ainsi qu'en témoigne le fait que des personnes soient remises par la Turquie aux autorités françaises sans que ces dernières aient eu connaissance de leur départ préalable.

Le phénomène des départs pour le djihad vers la zone irako-syrienne n'est pas propre à la France, le recours aux « combattants étrangers » faisant partie intégrante de la stratégie de Daech : comme l'a indiqué devant la commission d'enquête M. Laurent Fabius, ministre des Affaires étrangères et du développement international, environ 20 000 de ces combattants, originaires de

plus d'une centaine de pays, sont recensés dans les rangs de Daech, sur un nombre total de combattants estimé entre 40 000 et 50 000. La majorité de ces combattants étrangers provient des pays d'Afrique du Nord : entre 2 000 et 3 000 de Tunisie, entre 1 500 et 2 000 du Maroc, entre 1 300 et 2 500 de Jordanie, 1 300 de Turquie, 500 d'Égypte. Plus de 3 000 combattants étrangers proviendraient d'un pays européen.

En agrégeant les personnes qui sont présentes dans cette zone, celles qui y sont décédées ou détenues, celles qui sont en transit pour la rejoindre, la France apparaît actuellement comme le principal pays européen de départ, suivie par le

Royaume-Uni, avec 700 départs, l'Allemagne, 600, et la Belgique, 250 environ.

Il convient néanmoins de souligner les limites des comparaisons internationales. En effet, les méthodes de comptabilisation du nombre de « combattants étrangers » ne sont pas harmonisées au niveau européen. Par ailleurs, le décompte dépend des capacités de détection des États ainsi que de leur volonté de partager ces données sensibles.

Au-delà du phénomène des départs vers la zone irakosyrienne, selon les chiffres communiqués par le ministère de l'Intérieur le 18 mai dernier, environ 2 800 personnes nécessitent une attention particulière de la direction générale de la sécurité intérieure (DGSI), dont 1 345 en raison de leur implication dans les filières irako-syriennes.

Outre ces dernières, il peut s'agir notamment d'individus liés à d'autres groupes terroristes et d'autres zones de combat ou d'entraînement (zone sahélienne, Afrique du Nord, zone pakistano-afghane, Libye..) et de personnes radicalisées. En effet, le phénomène de filières, plus ou moins structurées, se conjugue avec une autre menace, représentée par tous les individus qui, sans être impliqués dans ces filières ni envisager un « voyage initiatique » en Syrie, sont dans un processus de radicalisation.

M. Bernard Cazeneuve, ministre de l'intérieur, avait indiqué, lors de son audition du 21 janvier 2015, le chiffre de 3 000 personnes en incluant les personnes relayant les discours des groupes terroristes sur internet et les réseaux sociaux.

Autre indicateur, plus large et qui doit être appréhendé avec prudence, le nombre des signalements recueillis par le centre national d'assistance et de prévention de la radicalisation (CNAPR) mis en place depuis avril 2014 et par les états-majors de sécurité départementaux, qui concernent, au 21 mai 2015, 4091 personnes.

Profil

Les personnes ayant quitté la France pour la zone irako-syrienne constituent une population jeune. Un nombre croissant de mineurs est concerné, certains adolescents élaborant des projets de départ vers la zone irako-syrienne à l'insu de leur famille tandis que d'autres mineurs, parfois très jeunes, sont partis avec leurs familles.

Une diversification des profils est observée. Plus de 20 % sont des femmes. Celles-ci sont souvent les épouses de djihadistes ayant accompagné ou rejoint leur mari, parfois avec leurs enfants mais des jeunes filles ont également rejoint la zone irako-syrienne (45 jeunes filles sur 80 mineurs).

Par ailleurs, si la majorité des djihadistes est issue de familles de culture arabo-musulmane, plus de 20 % de convertis sont cependant comptabilisés, cette proportion atteignant 25 % s'agissant des femmes.

Leur origine sociale est également diverse. M. Farhad Khosrokhavar, directeur de recherche à l'École des hautes études en sciences sociales, a ainsi souligné, lors de son audition, que depuis le début de la guerre civile en Syrie en 2013, on pouvait constater un afflux de jeunes issus des classes moyennes vers le djihadisme, alors que « l'image classique que nous avons du djihadiste est celle d'un jeune de banlieue qui est passé par les étapes suivantes

: déviance, prison, sortie de prison, récidive, participation à des trafics, illumination mystique (...), voyage initiatique dans des pays où sévissent des formes de djihadisme, retour en Europe, accomplissement d'un certain nombre d'actes violents sur les citoyens ».

Il est ainsi frappant de constater que plus de la moitié des personnes parties vers la zone irako-syrienne étaient inconnues des services.

Les départs se sont faits principalement de six régions : Île-de-France, Rhône-Alpes, Provence-Alpes-Côte d'Azur, Languedoc-Roussillon, Nord-Pas de Calais et Midi-Pyrénées. Néanmoins, il convient de souligner que l'ensemble du territoire est concerné et que les données relatives à la répartition géographique doivent être analysées en tenant compte de la démographie des différentes régions, ainsi que des phénomènes de départs groupés qui ont affecté certains départements, qu'il s'agisse de départs de familles entières ou de groupes de jeunes.

S'agissant de la population, plus large, des personnes radicalisées, les données relatives aux signalements recueillis par le CNAPR et par les états-majors de sécurité départementaux traduisent également une absence de profil type :

- 75% des signalements concernent des majeurs et 25% des mineurs ;
- 35 % des signalements concernent des femmes ;
- s'agissant des mineurs, 56 % des signalements concernent des jeunes filles ;

- 41 % des signalements concernent des convertis ;

- 9 % des personnes signalées sont déjà parties, principalement en Syrie.

Il convient cependant d'interpréter ces chiffres avec prudence, dans la mesure où ils ne concernent que les cas de radicalisation ayant fait l'objet d'un signalement, émanant en règle générale de la famille, et comportent donc différents biais. Ainsi, la part des convertis s'y trouve surreprésentée car les familles de culture arabo-musulmane utilisent moins le dispositif de signalement, ce qui peut être lié à des différences de perception sociale de la radicalisation. La proportion importante de signalements concernant des femmes peut, quant à elle, s'expliquer par une attention plus importante des familles à leur égard. La répartition géographique des signalements correspond à celle des personnes concernées par les filières irako-syriennes.

Salafisme quiétiste et djihadiste

Le salafisme est un mouvement ultra-orthodoxe de l'islam développant une approche littéraliste des versets coraniques et de la tradition prophétique. Une multitude de tendances s'est développée au sein de cet ensemble ; elles s'opposent entre elles sur les plans religieux et politique.

La particularité du salafisme français réside dans la large domination de sa branche quiétiste, légaliste et pacifique. Les tenants de cette mouvance se caractérisent par leur apolitisme et par leur rejet de la violence ; ils s'opposent ainsi systématiquement au positionnement politique des Frères musulmans en Égypte et à celui des islamistes marocains et algériens, car ils considèrent que l'islam n'est que religieux.

Le salafisme quiétiste critique les valeurs dominantes de la société et ne les reconnaît pas car elles ne sont pas régies par les lois islamiques. Un fossé existe cependant entre le discours et la pratique, car l'environnement, perçu comme hostile, conduit à réaliser des compromis. Au cours des auditions a été cité à plusieurs reprises l'imam salafiste de Brest, M. Rachid Abou Houdeyfa, très populaire auprès des jeunes musulmans et qui diffuse régulièrement sur Internet des vidéos regardées par plusieurs dizaines de milliers de personnes ; il développe à partir de la matrice salafiste quiétiste l'idée qu'il est tout à fait possible de concilier salafisme et intégration dans la société française.

Toutefois, selon M. Samir Amghar, chercheur, les positions des salafistes ne semblent pas tranchées sur ce point. Selon lui, un certain nombre de salafistes quiétistes considèrent néanmoins qu'il s'avère impossible d'être pleinement musulman en France et qu'il y a lieu d'envisager d'émigrer.

Le salafisme représente le mouvement bénéficiant du plus grand nombre de conversions religieuses, et 20 à 30 % des salafistes sont des convertis. L'origine ethnique de ces derniers s'avère variée, puisque, selon M. Samir Amghar, « ce sont des Français de métropole, des Camerounais, des Congolais, des Zaïrois, des Réunionnais ou des Martiniquais.

Ils se convertissent au salafisme car celui-ci défend une vision rigoriste de l'islam ; tout parcours de conversion marquant une rupture, les tendances les plus orthodoxes, voire les plus radicales, se révèlent les plus attirantes. En outre, comme ils ne proviennent pas de familles de culture musulmane, ces personnes développent un complexe d'islamité et souhaitent rattraper leur retard en embrassant une vision orthodoxe de la religion ».

Comme le souligne M. Farhad Khosrokhavar, l'écrasante majorité des salafistes ne deviennent pas des djihadistes. C'est d'ailleurs là la différence majeure entre le djihadisme et le fondamentalisme : un grand nombre de djihadistes – y compris les frères Kouachi et Amedy Coulibaly, d'après les informations dont dispose la commission d'enquête – ne sont pas passés par la phase fondamentaliste. Dans des cas très minoritaires, il arrive que le fondamentalisme soit l'antichambre du djihadisme. Mais il peut aussi être, comme l'indique ce même chercheur, une sorte de « remède contre le djihadisme, dans la mesure où les fondamentalistes observent un certain nombre de prescriptions contraignantes et se considèrent souvent, de ce fait, comme des élus, ce qui satisfait leur subjectivité ».

La radicalisation peut être non djihadiste, ainsi que le montre le cas d'Anders Breivik, qui a tué plus de soixante-dix personnes et en a blessé plus d'une centaine d'autres en Norvège. La radicalisation, au sens où les sociologues l'entendent, est la conjonction d'une idéologie radicale et d'une action violente.

L'endoctrinement

Ainsi que Mme Dounia Bouzar l'a exposé devant la commission, les vidéos de l'islam radical n'apparaissent pas dès le premier abord. De nombreux jeunes visionnent d'abord sur les réseaux sociaux des vidéos qui contestent le système productif et la société de consommation. Une partie des messages s'appuie sur des faits avérés ou vraisemblables tels que des médicaments qui se sont avérés nocifs, divers scandales alimentaires, des publicités mensongères ou certaines pratiques commerciales outrancières.

Ces vidéos ne sont pas malveillantes en elles-mêmes, mais leur cumul repris sous l'angle du complot immerge le jeune dans une vision du monde où la duplicité prévaut et où « on nous cache la vérité».

Le jeune a alors le sentiment d'avoir trouvé «la vérité cachée» qui explique à la fois son mal-être et l'état déplorable de la société. Il se laisse alors entraîner dans une succession de vidéos qui le dépriment, le paniquent mais aussi le galvanisent. Ces vidéos non prosélytes servent de moyen d'approche et contribuent à déstabiliser les individus fragiles, choqués par le cumul des contenus.

Une seconde série de vidéos persuade ensuite le jeune que des sociétés secrètes manipulent l'humanité et dirigent l'ensemble du monde à l'insu du peuple. La plus nocive d'entre elles serait celle des Illuminati, que les vidéos accusent de s'infiltrer partout pour asseoir son pouvoir. Certaines vidéos veulent persuader le spectateur que des symboles sataniques sont cachés partout, de l'étiquette de boissons sucrées aux billets de banque d'un dollar.

Enfin, une troisième série de vidéos persuade le jeune que seule une confrontation finale avec le monde peut sauver l'humanité grâce au « vrai islam ». Ces vidéos ont pour but de prolonger la phase d'endoctrinement en mettant en exergue des images encensant la beauté de la création d'Allah. Se mêlent à ces images réconfortantes des extraits détournés de témoignages de convertis, souvent sincères et d'interviews de pseudo scientifiques.

Le jeune est alors sommé de se réveiller pour rejoindre le véritable islam, non pas celui de l'Arabie Saoudite, de la Tunisie ou de la France, mais celui des Véridiques, qui peut seul régénérer le monde lors de la confrontation finale.

Arrivent alors des vidéos de recrutement dont le but est de convertir un internaute qui ne se posait à l'origine aucune question spirituelle mais se trouvait plutôt engagé dans une volonté de se battre contre les injustices. Immergé dans une vision du monde où tout n'est que complot et mensonge, le jeune est persuadé que l'islamophobie n'est que la facette ultime du complotisme dans la mesure où cette religion constitue la seule chance de combattre les forces sataniques. Devenir un musulman rigoriste devient alors l'unique façon de détruire ces sociétés secrètes qui veulent anéantir l'humanité.

Le jeune « se retrouve mentalement prisonnier d'une paranoïa qui peut le pousser à entrevoir les pires actes pour faire face au pire des mondes. (...) Le passage à l'acte terroriste devient possible si le sujet se met à entrer en contact avec des sites radicaux et à côtoyer des extrémistes prônant cette vision sombre et sans concession du monde ».

Selon Mme Dounia Bouzar, qui cite les travaux de chercheurs, « Internet est la communication idéale pour un fonctionnement basé sur le réseau, ce qui est le cas des groupes terroristes en général. (...) Les terroristes d'aujourd'hui ne fonctionnent pas dans le vide ni isolément, contrairement aux apparences, mais sous la forme de réseaux qui apparaissent comme des organismes vivants nourris de dynamique de groupe, souvent plus élaborés qu'on ne le pense, en dépit des apparences de logistiques parfois sommaires. [...] Le réseau est l'élément-clé du fonctionnement d'un groupe terroriste, si réduit soit-il ».

Mme Dounia Bouzar a décrit devant la commission les différentes étapes de l'endoctrinement : la personne en voie de radicalisation découvre des vidéos qui dénoncent des complots, puis s'inscrit dans un réseau social qui « lutte contre le complot ». C'est à ce moment qu'un de ses « nouveaux amis » faisant parti de ce groupe commence à évoquer le rejet du monde, le besoin de confrontation, puis le « djihad global ».

Selon elle, la rencontre physique se fait une fois que l'endoctrinement est bien installé, parfois au moment du départ pour la Syrie. Dans d'autres cas, c'est la rencontre avec une personne déjà inscrite dans cette vision de besoin de confrontation avec le monde qui fournit les supports vidéos pour convaincre sa future victime.

Ainsi que le souligne Mme Dounia Bouzar, la manipulation, qui passe essentiellement par internet, peut également se poursuivre par téléphone. L'anthropologue cite le cas de jeunes filles qui se sont retrouvées en contact avec 50 adultes différents par jour! Ces adultes, dans une méthode confinant au harcèlement moral, sollicitent des jeunes en position de fragilité en leur demandant en permanence ce qu'ils font, s'ils ont fait leur prière. Comme, en outre, les mineurs peuvent s'embrigader entre eux par un phénomène de bande ou de mimétisme, le phénomène peut être sans fin.

Enfin, les jeunes se radicalisent certes sur internet, mais aussi et surtout par effet d'imitation ou par esprit de compétition. Le copinage, la complicité avec les amis jouent un rôle indéniable : un jeune va partir faire le djihad parce qu'un de ses copains est parti avant lui.

Une étude sur les familles des jeunes Britanniques qui sont partis pour la Syrie a révélé l'importance de cette dimension. On peut supposer qu'il en va de même en France, comme l'ont affirmé plusieurs personnes entendues par la commission d'enquête. Ces cercles de complicité qui se focalisent sur le djihadisme peuvent parfois résulter de rencontres survenues dans le cadre de la mosquée.

La mosqué

Toujours selon Mme Dounia Bouzar, «le passage par la mosquée n'est pas automatique». Pour l'anthropologue, l'islam radical peut faire basculer des jeunes sans qu'ils n'aient participé à aucune prière. «Certains sont partis ou voulaient partir en Syrie sans qu'aucune pratique religieuse ne soit décelée la veille.»

Dans d'autres parcours, «les radicaux passent par une mosquée pour renforcer l'alibi religieux de l'endoctrinement» de leur victime. Ils créent alors une confusion en se faisant passer pour de simples musulmans orthodoxes alors qu'en réalité, ils mettent en place un processus d'endoctrinement de leur victime: interdiction de rencontrer ses anciens amis, cessation de certaines activités, arrêt des études…Les familles se retrouvent démunies face au changement de comportement de leur enfant et mettent parfois beaucoup de temps à réaliser qu'il ne s'agit pas seulement d'une conversion religieuse.

D'autres observateurs font remarquer qu'aucune enquête n'a permis de mettre en évidence qu'un djihadiste français se serait radicalisé à la mosquée. En effet, il semblerait que, dans aucune mosquée, ne soit tenu un discours ouvertement favorable au djihad. En revanche, selon certains observateurs, des religieux – salafistes quiétistes et représentants du mouvement tabligh – restent neutres, refusant de laisser entrer la politique dans les lieux de culte.

En réalité, il semblerait que les imams soient dépassés par un phénomène qu'ils découvrent en même temps que le reste de la population française. Si la radicalisation ne passe pas officiellement par les prêches prononcés par les imams dans les mosquées, cela ne signifie pas que le rôle de ces lieux de

culte soit négligeable. Cela peut être l'endroit où se font des rencontres, où des religieux sans titre officiel peuvent essayer, à la sortie du prêche et de manière plus ou moins discrète, de porter un autre message. Selon divers témoignages, la mosquée peut également être le lieu où sont repérés les musulmans modérés, et sur lesquels des islamistes peuvent tenter d'imposer leur emprise.

Le rôle de la prison

Espace géographique clos, la prison suscite des débats sur le rôle qu'elle peut jouer en matière de radicalisation et de djihadisme. Deux opinions opposées s'affrontent : celle pour laquelle la prison serait la « pouponnière » du djihadisme et celle pour laquelle son rôle serait surévalué.

Ayant longtemps travaillé auprès de détenus radicalisés, M. Fahrad Khosrokhavar exprime sans détour son avis sur les prisons : « elles sont, on le sait, un des lieux de la radicalisation ».

Mais selon ce chercheur, le phénomène échapperait aux autorités carcérales qui ont en tête un modèle de radicalisation aujourd'hui obsolète et totalement en porte-à-faux par rapport à la réalité de la radicalisation. En effet, depuis quelques années, les détenus les plus radicalisés adoptent une attitude introvertie, ne se laissent pas pousser la barbe, ne montrent aucune agressivité à l'égard des surveillants, voire dissimulent leur religiosité à ces derniers lorsqu'ils se convertissent.

De telle sorte que les surveillants sont, dans plusieurs cas, totalement ignorants du phénomène. Cette nouvelle forme de radicalisation concerne souvent de très petits groupes, deux ou trois personnes au maximum, afin de ne pas appeler l'attention de l'administration pénitentiaire.

M. Fahrad Khosrokhavar évoque également le cas de personnes mentalement fragiles qui auraient été prises pour cibles par des radicalisés notoires et auraient été profondément influencées par eux, phénomène inquiétant alors que, selon lui, un tiers de la population carcérale souffrirait de problèmes mentaux.

Selon M. Dalil Boubakeur, président du Conseil français du culte musulman, « la phase de la prison est fondamentale. La prison est désormais, selon les meilleures études et suivant un constat devenu banal, la " pouponnière " du djihadisme. Pour reprendre la formule d'un observateur, le jeune y entre en baskets et casquette, il en sort portant la barbe, la djellaba, voire un chapelet de prière et un Coran à la main.

Ce changement physique s'accompagne d'un changement de comportement et de mentalité, marqué par l'acquisition de certains réflexes quotidiens en matière d'alimentation, de fréquentations, de langage, autant d'exigences induites par une vie collective mais quasi monacale ».

Pour le président du CFCM, cette évolution les prépare, dès avant leur sortie de prison, à endosser une identité religieuse prosélyte, qui les pousse à vouloir rencontrer des gens comme eux, voire à subir une manipulation mentale qui les oriente vers les recruteurs du radicalisme, « d'abord vers les imams salafistes, ensuite vers les sites internet et, par leur intermédiaire, vers les djihadistes ».

A l'inverse, d'autres observateurs entendus par la commission d'enquête ont exprimé l'opinion selon laquelle la radicalisation en prison serait surestimée. Outre le fait que la radicalisation n'est pas synonyme de terrorisme, certains observateurs ont expliqué que beaucoup de détenus, notamment à la suite du choc que représente une première incarcération, se tournent vers la religion pour y trouver un réconfort ou un soutien moral, pas forcément dans le but de se radicaliser et de passer, ultérieurement, à l'action violente.

Seule une minorité des individus se trouvant aujourd'hui en Syrie ou en Irak aurait fait, au préalable, l'expérience de la détention. Et s'il est vrai que les djihadistes qui ont commis les attentats de Toulouse et de Paris avaient tous eu pas produite en prison.

D'après les informations fournies au rapporteur, 15 % des condamnés pour terrorisme ont déjà été incarcérés. Il semble établi que certains détenus simulent une adhésion aux thèses radicales de manière à ne pas être importunés par les prosélytes fondamentalistes ou pour s'attirer la sympathie des autres détenus et vivre le plus « confortablement » possible leur temps de détention.

Si la prison n'est pas réellement un lieu où se forment les futurs djihadistes, la situation pourrait évoluer avec l'incarcération en grand nombre de djihadistes revenant du Moyen-Orient. La réponse de nature carcérale apportée à ces jeunes qui reviennent en France présente cet inconvénient.

Pour sa part, le ministre de l'intérieur, M. Bernard Cazeneuve, dépasse le phénomène – sans le sous-estimer – de la radicalisation dans les prisons pour mettre l'accent sur la porosité, facilitée par l'incarcération, entre le djihadisme et la délinquance. « Ce qui frappe dans l'analyse du profil de tous ceux qui sont entraînés dans des opérations à caractère terroriste, c'est l'extraordinaire fongibilité entre le monde de la petite délinquance (...) et le monde du terrorisme, soit que les petits délinquants basculent dans le terrorisme après s'être radicalisés en prison auprès de détenus radicalisés, soit qu'ils apportent un soutien logistique à des opérations sans nécessairement savoir ce à quoi ils participent.

Il convient bien sûr d'attendre le résultat des enquêtes, mais l'arrestation de douze personnes proches d'Amedy Coulibaly et la mise en examen de certaines d'entre elles montrent cette fongibilité et ces complicités.»

Pour sa part, M. Fahrad Khosrokhavar soutient également l'existence d'une relation quasi linéaire entre délinquance et radicalisation. « Jusqu'à ce jour, la quasi-totalité de ceux qui ont commis des actes violents au nom du djihad étaient issus des banlieues et avaient été des délinquants : Khaled Kelkal en 1995 ; Mohammed Merah en 2012 ; Mehdi

Nemmouche à Bruxelles en 2014 ; les frères Kouachi et Amedy Coulibaly en janvier 2015 ».

Il semblerait que les mineurs, au moins, échappent au phénomène de radicalisation dans les lieux d'enfermement en raison de leur régime de détention : leur encellulement est obligatoirement individuel et ils doivent être strictement séparés des détenus adultes. Et comme l'a indiqué Mme Catherine Sultan, directrice de la protection judiciaire de la jeunesse au ministère de la Justice, « même si, en certains lieux de détention, la séparation n'est pas complètement étanche, la situation n'a rien à voir avec celle des détenus majeurs. »

De plus, les mineurs incarcérés sont toujours sous l'œil de professionnels de l'administration pénitentiaire ou de la protection judiciaire de la jeunesse (PJJ) et ils bénéficient d'une présence éducative renforcée. Ainsi que le souligne Mme Catherine Sultan, « il serait irresponsable de ma part d'exclure totalement le risque de contagion mais (...) il est largement moindre que dans les établissements pénitentiaires pour majeurs ».

Il en est de même dans les centres éducatifs fermés, petites structures « où ce qui se joue entre les jeunes et entre les jeunes et les adultes est perceptible. Si une influence négative s'exerçait et échappait à la vigilance des adultes présents, cela relèverait d'un dysfonctionnement ».

Mme Catherine Sultan a, en revanche, souligné que le risque est plus important au moment de la majorité, lorsque le jeune détenu, jusqu'alors très suivi, passe au régime des majeurs car « il se peut alors que ces très jeunes adultes cherchent une tutelle de substitution à la tutelle institutionnelle qu'ils avaient jusque-là, et le risque d'une influence négative n'est pas à négliger. »

Selon M. Fahrad Khosrokhavar, depuis 2013, c'est-à-dire depuis la guerre civile en Syrie, la France serait confrontée à un phénomène nouveau, rencontré auparavant de manière exceptionnelle : l'afflux de jeunes issus des classes moyennes vers la radicalisation.

Selon lui, « leur profil anthropologique, leur subjectivité, leur façon de concevoir les choses et la forme que prend leur expression de soi sont totalement différentes de celles des jeunes des banlieues : ils ont non pas une haine ou une mentalité agonistique à l'égard de la société, mais plutôt le sentiment d'une profonde injustice. C'est par une forme d'engagement humanitaire qu'ils embrassent la version djihadiste de l'islam et décident de partir sur le terrain.

En outre, ils présentent un certain nombre de caractéristiques frappantes du point de vue du sociologue : on trouve notamment parmi eux un nombre très élevé de convertis, issus de familles juives, catholiques, protestantes et même, dans quelques cas, bouddhistes, le plus souvent sécularisées, agnostiques ou athées.

Ainsi, le djihadisme se diversifie de manière très troublante ». Il a estimé que, tant que le profil du djihadiste était celui du jeune en guerre contre la société, il était possible d'imaginer un certain nombre de remèdes : répression, persuasion, tentative de briser le cercle infernal... Mais nous avons désormais en face de nous des jeunes qui ne présentent pas plus de symptômes de malaise social que les autres.

Et, toujours selon M. Khosrokhavar, la palette des postulants au djihad est large : « cela peut être M. Tout-le-monde ou, d'ailleurs, Mme Tout-le-monde, puisque – autre phénomène troublant – environ 20 % des personnes qui s'identifient à cette version de l'islam radical et tentent de faire le voyage sont des jeunes filles.

De plus, on trouve parmi eux de plus en plus de post-adolescents, âgés de quinze à dix-sept ans. Bref, nous sommes confrontés à un nouveau type de djihadistes, qui présente une subjectivité aux contours totalement différents de celle des djihadistes classiques ».

L'étude de plusieurs milliers d'individus a permis de déterminer des caractéristiques dominantes des personnes radicalisées :

– les origines confessionnelles et culturelles sont mixtes, beaucoup de djihadistes étant des convertis plus ou moins récents à l'islam ;

– la plupart ont rencontré des difficultés scolaires ou ont pu abandonner leurs études, même si certains ont atteint le niveau bac +3 ;

– la précarité sociale (chômage, difficultés financières, abandon de projet d'insertion) est souvent présente ;

– nombre de radicaux présentent des antécédents judiciaires de petite délinquance ;

– l'environnement familial de l'individu radicalisé présente souvent des traumatismes personnels ou dont l'individu a été témoin, tels que des actes de violences ou d'incestes ;

– la plupart sont dans des situations familiales complexes : parents séparés ou absents, etc. L'image paternelle ou parentale est défaillante, voire absente.

Ces éléments révèlent souvent un sentiment de non reconnaissance sociale et professionnelle conduisant à la frustration. Les psychologues que la commission d'enquête a rencontrés ont souligné l'immaturité, et l'instabilité de la plupart des individus radicalisés dont beaucoup présentent des fragilités narcissiques (une faible estime de soi), une intolérance à la frustration ainsi qu'une pauvreté voire une absence d'affects.

Les indicateurs de la radicalisation

Le basculement vers la radicalisation violente laisse généralement apparaître un certain nombre d'indices liés à l'apparence, au comportement ou encore au discours des intéressés. L'apparence physique et vestimentaire est un des premiers indicateurs visibles de basculement vers la radicalisation, mais ce seul critère ne suffit pas à établir une radicalité religieuse déviante. Toutefois, le changement soudain d'apparence physique et vestimentaire est en général un des premiers signes perceptibles.

Cette modification peut cependant être intermittente afin de dissimuler la radicalisation ou la conversion. Ainsi, certaines jeunes filles conservent-elles dans le cercle familial leur mode vestimentaire classique mais adoptent loin du regard parental et du domicile une tenue islamique « correcte ».

Selon l'évolution de son processus de radicalisation et son degré d'endoctrinement, l'individu adopte différentes stratégies et modes opératoires afin de ne pas éveiller les soupçons et protéger un espace qu'il sait transgressif. Ce comportement symptomatique renforce l'emprise propagandiste et l'isolement du radicalisé.

Les mensonges et la dissimulation conduisent à une rupture progressive avec l'environnement habituel de l'individu. De fait, les proches, bien qu'inquiets, ne perçoivent pas toujours la portée du basculement radical ce qui rend d'autant plus délicate la mise en œuvre d'une action préventive.

L'individu radicalisé peut dissimuler, de sa propre initiative ou sur les conseils de recruteurs potentiels, ses intentions transgressives (notamment son départ vers des terres de djihad) par divers stratagèmes pour ne pas éveiller les soupçons de ses proches, risquer une interdiction de sortie du territoire ou appeler l'attention des services de police. Ainsi, de nombreux départs de mineurs ou jeunes adultes se produisent à l'insu de l'entourage.

Confrontées le plus souvent à une disparition « inquiétante », les familles découvrent souvent a posteriori des indices évocateurs : cartes d'itinéraires et brochures de voyages vers la Turquie et la Syrie, historiques de consultations de sites internet radicaux qui confirment la maturation et la préméditation du projet, etc.... Des voyages touristiques ou projets humanitaires en Turquie peuvent être le prétexte à un périple djihadiste.

Cette dissimulation renvoie parfois de façon dévoyée au concept de Taqîya, issu de la théologie chiite, qui autorise les musulmans à dissimuler leur foi dans certaines circonstances dans le but d'éviter les persécutions.

La radicalisation conduit généralement les individus à mener une pratique religieuse particulièrement ritualisée. Le comportement d'un individu radicalisé laisse généralement transparaître un certain nombre de ruptures, parfois brutales, par rapport aux habitudes et à l'environnement habituel.

Enfin, l'individu radicalisé véhicule de façon stéréotypée l'ensemble de la rhétorique radicale et propagandiste puisée le plus souvent sur internet. Il se fait ainsi le porte parole des théories complotistes et conspirationnistes : quelques puissances obscures commandent le monde, au premier rang desquelles les francs-maçons, les Illuminati et les juifs sionistes.

Ses discours deviennent hostiles à la République laïque, à l'Occident en général et au « Grand Satan américain » en particulier, ainsi qu'à tous les groupes institutionnels assujettis aux pouvoirs « mécréants » : armée, police, etc. Le discours, s'il ne l'était déjà, devient systématiquement et violemment antisémite, antisioniste et anti-israélien. Les propos deviennent apocalyptiques et millénaristes, stéréotypés, dépersonnalisés et sont généralement justifiés par des sourates du Coran.

Pour différents chercheurs, le succès du djihadisme auprès de certaines populations tient aussi au fait que ce mouvement propose des solutions simples, pour ne pas dire simplistes, à des questions que se posent certains de nos contemporains. Les actes terroristes qu'il encourage permettent à des individus frustrés de connaître une notoriété inespérée.

Surtout, en Europe, le djihadisme participe d'une logique de provocation : il donne la possibilité à l'individu insignifiant de se hausser au-dessus des autres.

Dans son ouvrage Radicalisation, M. Fahrad Khosrokhavar évoque la figure du « héros négatif », c'est-à-dire de celui qui se sent adulé du fait même de son rejet par les autres. Sauf que le héros négatif est, en l'espèce, médiatisé. « Qui connaissait Mohammed Merah avant qu'il ne passe à l'acte ? Qui ne le connaît pas désormais ? C'est d'ailleurs pour cette raison que les djihadistes filment : la couverture médiatique devient partie intégrante de l'action destructrice. En ce sens, on peut parler d'une nouvelle forme de subjectivité hyper narcissique, d'une volonté de s'affirmer et de sortir de l'insignifiance ».

Les chercheurs constatent des phénomènes anthropologiques analogues chez les jeunes filles qui partent dans une zone de djihad. Ces jeunes filles pensent que les jeunes garçons de leur entourage manquent de maturité, parce qu'ils n'ont pas été confrontés à la vie. En revanche, l'homme qui s'expose à la mort, se transformant ainsi en martyr potentiel, devient crédible à leurs yeux et peut faire un partenaire fiable – à supposer qu'il survive au djihad.

Selon M. Fahrad Khosrokhavar, « ce qui fait surface dans l'esprit de ces jeunes filles en quête de virilité masculine, c'est une inversion des idéaux féministes, une sorte de post-féminisme désenchanté ou – contradiction dans les termes – un " féminisme " djihadiste ».

Tous les observateurs s'accordent pour reconnaître que la plupart des jeunes gens qui ont fait l'objet d'un embrigadement les ayant conduits au djihad se trouvent dans des situations de grande fragilité psychologique. Un grand nombre de jeunes embrigadés par le discours djihadiste souffrirait de troubles psychologiques voire psychiatriques, ce qui incite certains observateurs à préconiser un examen psychologique systématique de ces individus lorsqu'ils sont engagés dans une procédure judiciaire, quand bien même ils ne seraient pas poursuivis pour une infraction criminelle.

Pour d'autres jeunes qui éprouvent du mal à trouver leur place dans la société, c'est la dimension « romantique » de l'action djihadiste qui est mise en avant : le départ pour la Syrie est placé sous le signe de l'humanitaire, il s'agit généralement d'aider des enfants qui souffrent dans un monde où la passivité des adultes l'emporterait sur la compassion et l'entraide…

De même, ces individus sont souvent dépeints comme étant en quête personnelle de réparation et de reconnaissance, qui peuvent se traduire par des aspirations guerrières ou chevaleresques permettant en particulier aux garçons d'exprimer leurs pulsions agressives. Issues des classes populaires ou supérieures, maghrébines ou non, athées, catholiques, bouddhistes, voire juives, de nombreuses jeunes filles ont en commun d'avoir inscrit sur leur profil Facebook qu'elles voulaient faire un métier altruiste (infirmière), travailler dans l'humanitaire ou le secteur médico-social, s'engager dans la société pour lutter contre les injustices.

C'est à partir de ces éléments qu'elles ont probablement été repérées sur internet par des « chasseurs de tête ». La dimension amoureuse n'est pas exclue : Mme Dounia Bouzar cite l'exemple de recruteurs qui utilisent des techniques de séduction amoureuse pour user d'influence auprès de jeunes filles qu'ils finissent par convaincre de partir pour le théâtre irako-syrien, sans jamais être partis eux-mêmes. De la même manière, l'anthropologue présente le cas d'une séductrice portant le niqab qui est partie avec trois hommes différents et qui est revenue à chaque fois.

Phénomène complexe, combat politique, idéal religieux dévoyé, souvent associé à une quête identitaire, le djihadisme se nourrit actuellement du « professionnalisme » de Daech qui exploite toutes les arcanes de la communication moderne et fait peser sur notre pays une menace protéiforme, qui peut être ponctuelle ou de très haute intensité.

Pour votre rapporteur, deux profils coexistent, sans qu'on puisse exclure une porosité entre les deux : les recruteurs, radicalisés et extrêmement dangereux, et les personnes manquant de repères, dont la dangerosité est très difficile à évaluer et dont les intentions sont impossibles à cerner. C'est cette dichotomie qui sera le fil directeur de la réflexion engagée par votre rapporteur sur la répression et la prévention de ce phénomène dont rien n'indique qu'il devrait faiblir.

Les caractéristiques actuelles de cette menace justifient un renforcement des moyens administratifs et judiciaires consacrés à la lutte contre ce phénomène, renforcement dont le Gouvernement et le Parlement ont déjà pris la mesure mais qui doit encore être accentué sur certains points.

Les réseaux en France

Abaaoud

Né en 1987 dans la commune bruxelloise de Molenbeek, il se faisait appeler Abou Omar Soussi, du nom de la région du sud-ouest du Maroc dont sa famille est originaire, ou Abou Omar al-Baljiki (Abou Omar "le Belge").

Abdelhamid Abaaoud connaissait Salah Abdeslam, le suspect-clé dans ces attaques, qui a de fortes attaches lui aussi à Molenbeek ainsi que son frère Brahim, qui s'est fait exploser dans l'Est parisien. Tous trois apparaissent dans des dossiers criminels de droit commun en Belgique.

"C'était un petit con", harcelant ses condisciples et ses professeurs ou volant des portefeuilles, a raconté un ex-camarade de classe. Le "petit con" était dans le viseur des enquêteurs français et belges, qui voient en lui l'organisateur présumé des tueries de Paris qui ont fait vendredi 129 morts et 352 blessés et ont été revendiquées par Daesh.

"Abou Omar al-Baljiki" avait déjà fait la une des journaux belges début 2014 après avoir emmené en Syrie son petit frère Younes, 13 ans, surnommé "le plus jeune jihadiste du monde" par certains médias.

Il aurait rejoint d'autres combattants belges, rassemblés dans une brigade d'élite de Daesh. Il apparaît, fine barbe et bonnet de style afghan sur la tête, dans une vidéo de Daesh où il se vante de commettre des atrocités, s'adressant goguenard à la caméra au volant d'un véhicule qui tire des cadavres mutilés vers une fosse commune.

Abaaoud avait été envoyé par son père, commerçant, dans un collège chic de la commune résidentielle d'Uccle, dans le sud de Bruxelles.

"Nous avions une belle vie, oui, même une vie fantastique ici. Abdelhamid n'était pas un enfant difficile et c'était devenu un bon commerçant. Mais tout à coup, il est parti pour la Syrie. Je me suis demandé tous les jours pour quelle raison il s'est radicalisé à ce point. Je n'ai jamais reçu de réponse", avait déclaré en janvier son père, Omar Abaaoud. « Abdelhamid a jeté la honte sur notre famille.

Nos vies sont détruites", avait réagi son père : "Pourquoi, au nom de Dieu, voudrait-il tuer des Belges innocents ? Notre famille doit tout à ce pays", avait expliqué Omar Abaaoud, dont la famille est arrivée en Belgique il y a 40 ans, en ajoutant qu'il ne "pardonnerait jamais" à Abdelhamid d'avoir "embrigadé" son jeune frère Younes.

Le plus connu des quelque 500 Belges partis combattre en Syrie ou en Irak est surtout lié à la "cellule de Verviers. Le 15 janvier, une semaine après les attentats de janvier à Paris, la police belge avait donné l'assaut dans une maison de cette ville de l'est de la Belgique, tuant deux de ses occupants, qui selon les enquêteurs s'apprêtaient à cibler les forces de l'ordre.

Abaaoud n'était pas sur place. Mais début février, il revendique avoir "planifié" ces attentats déjoués de justesse dans une interview que lui attribue Dabiq, le magazine de Daesh. Selon la presse belge, Abaaoud avait été localisé en Grèce, d'où il communiquait avec les deux jihadistes tués à Verviers. Un coup de filet à Athènes n'avait pu réussir à l'arrêter.

En juillet, Abdelhamid Abaaoud a été condamné à Bruxelles, en son absence, à 20 ans de prison dans un procès sur les filières de recrutement de jihadistes belges pour la Syrie.

Une source policière a par ailleurs confié que ce «donneur» d'ordre est sans nul doute celui qui a téléguidé le Marocain Ayoub El Khazzani lors de l'attaque avortée du Thalys, le 21 août dernier, mais aussi Sid Amed Ghlam, quand il a voulu décimer une église de Villejuif en avril dernier.

Si les profils des protagonistes varient, tous sont tombés assez jeunes, a priori sans grand bruit, dans la centrifugeuse de l'islam radical avant de se jouer des mailles pourtant resserrées des services antiterroristes. Au moins trois d'entre eux sont partis dans des camps d'entraînement de Daech qui a achevé de les métamorphoser en de redoutables machines à tuer. Analystes et experts du renseignement l'assurent: la cristallisation radicale se produit en un temps record.

Rachid Kassim

Il vit en Syrie ou en Irak, mais c'est en France qu'il fait parler de lui. Rachid Kassim est soupçonné d'être derrière plusieurs attentats ou tentatives d'attentats sur le sol français. Membre de l'organisation Etat islamique, il incite sur internet des aspirants terroristes à passer l'acte.

Via internet ou la messager Telegram, il a été en contact avec des personnes impliquées dans ces affaires. Parmi ses adeptes figurait notamment Larossi Abballa, abattu après avoir assassiné un policier et sa compagne, le 13 juin, à Magnanville. "Abballa faisait partie de son groupe Telegram, et Kassim a eu une véritable influence dans cette affaire", assure à l'AFP une source proche de l'enquête.

Son nom réapparaît quelques semaines plus tard, quand L'Express révèle que les enquêteurs ont découvert des conversations sur la messagerie chiffrée Telegram entre Rachid Kassim et les assassins du prêtre Jacques Hamel dans l'église de Saint-Etienne-du-Rouvray (Seine-Maritime), le 26 juillet. Rachid Kassim est suspecté d'avoir exercé au minimum "une influence virtuelle dans le passage à l'acte" des deux jeunes tueurs.

Il serait également l'auteur de l'enregistrement audio d'Adel Kermiche diffusé une semaine après la tuerie de l'église sur Telegram. Le jihadiste serait donc devenu le nouvel administrateur du groupe de discussion d'Adel Kermiche qui, dans ce cas, lui aurait transmis ses codes d'accès avant de mourir sous les balles des policiers.

Il est à nouveau cité dans l'affaire des bonbonnes de gaz dans une voiture abandonnée à côté de Notre-Dame, à Paris. Le ministre de l'Intérieur évoque des femmes "fanatisées, radicalisées" et téléguidées depuis la Syrie. Selon une source proche de l'enquête, citée par L'Obs, "des éléments ont étayé qu'il avait été en contact via Telegram avec l'une des protagonistes".

Le procureur François Molins a précisé, lors d'une conférence de presse, que l'une des trois femmes a été successivement la promise de Larossi Abballa, d'Adel Kermiche et enfin d'un autre homme arrêté en même temps qu'elle. Selon un "proche de l'affaire" dans Le Parisien, "toutes les jeunes femmes arrêtées à Boussy-Saint-Antoine (Essonne) étaient plus ou moins en contact avec ce jihadiste, via internet ou la messagerie Telegram. Cet homme est depuis un moment dans le collimateur des services de renseignement".

Dernière affaire, l'arrestation, samedi 10 septembre, d'un adolescent de 15 ans, dans le 12e arrondissement de Paris. Selon Le Parisien, il a reconnu au cours de sa garde à vue "avoir voulu mourir en martyr après avoir tué tout un tas de kouffars [mécréants]" à l'arme blanche. Une source proche de l'enquête indique à l'AFP que le mineur était en contact via Telegram avec Rachid Kassim.

Agé de 29 ans, Rachid Kassim est originaire de Roanne (Loire) où il a été animateur social. D'après Le Parisien, il était "chargé d'accompagner les enfants d'un centre social à la cantine". Ancien amateur de rap, ayant pratiqué le karaté, il quitte la France avec sa famille pour l'Égypte en 2012 avant d'arriver en zone irako-syrienne, d'après Europe1.

"Avant son départ, ses proches l'avaient vu changer, au retour d'un séjour en Algérie. Transformé et obnubilé par le Coran, il se crée des inimitiés jusque dans les mosquées, où ses discours extrémistes gênent les fidèles", écrit Le Dauphiné Libéré. "A l'époque, des frères se sont mobilisés dès qu'ils ont senti une dérive dans ses paroles. Ils l'ont emmené à des séminaires. Il a prétendu qu'il était repenti et avait compris ses erreurs", se remémore un membre d'une association locale, interrogé par L'Express.

Le 20 juillet, une semaine après l'attaque de Nice, il apparaît à visage découvert dans une vidéo tournée dans la zone irako-syrienne, dans laquelle il félicite le terroriste Mohamed

Lahouaiej Bouhlel, pour l'attentat de Nice. Il décapite ensuite un otage soupçonné d'espionnage.

Connu des services antiterroristes, Rachid Kassim est très actif sur les réseaux sociaux, où il utilise son nom ou son prénom. Il a animé une page Facebook où il diffuse des messages ultraviolents. Sa chaîne Telegram serait suivie par 200 à 300 personnes, selon les sources.

Sur Telegram, il a communiqué une liste d'une dizaine de personnalités désignées comme des cibles à exécuter, selon Le Point qui affirme que "les autorités françaises pensent que Rachid Kassim pourrait être l'inspirateur d'une dizaine d'actes terroristes ou tentatives d'attaques (...).

Son nom a été cité par une adolescente de Melun, arrêtée en août alors qu'elle se préparait à commettre un attentat. Rachid Kassim semble également avoir encouragé la jeune majeure écrouée, le 10 août, à Clermont-Ferrand pour avoir posté sur les réseaux sociaux des messages inquiétants laissant craindre un possible passage à l'acte."

Dans ses messages, il donne des consignes et des conseils pour mener un "jihad de proximité". Les modalités de l'attaque à la voiture piégée correspondent à la lettre aux consignes que Rachid Kassim dispense. Pour Saint-Etienne-du-Rouvray, il aurait joué un rôle d'intermédiaire. Selon les enquêteurs cités par l'AFP, "c'est lui qui a mis en contact les deux tueurs et donné les consignes".

Son nom est apparu à plusieurs reprises depuis quelques jours, à la faveur de ce que les autorités présentent comme deux projets d'attentats avortés. Le premier à proximité de Notre-Dame de Paris où trois femmes (Ornella G., Sarah H. et Inès

M.) sont suspectées d'avoir laissé, samedi 3 septembre, une voiture remplie de bonbonnes de gaz qu'elles auraient voulu faire exploser dans une rue passante. Le second, dans le 12e arrondissement de Paris où un adolescent a été arrêté, samedi 10 septembre, alors qu'il projetait, selon une source, de poignarder des passants sur la Coulée verte.

Mais à dire vrai, le nom de Rachid Kassim, un Français de 29 ans originaire de Roanne, est connu, depuis plusieurs mois, par les services de renseignement. À Saint-Étienne du Rouvray, où le père Hamel a été assassiné, comme à Magnanville, où un couple de policiers a été tué, son nom figurait déjà comme le possible commanditaire de ces attentats.

Au lendemain du massacre de Nice, ce djihadiste s'était mis en scène dans une vidéo mise en ligne, le 20 juillet, par la cellule de propagande de Daech. Un court film dans lequel Rachid Kassim, vêtu d'un treillis camouflage, tête enturbanée et yeux maquillés de khôl, se félicitait de cette action terroriste et en annonçait de nouvelles, peu avant d'égorger, face à la caméra, un prisonnier.

Animateur de centre social

Employé d'un centre social, amateur de rap (il a chanté quelque temps dans un groupe amateur), ce jeune Français, né de parents algériens, semble s'être radicalisé il y a environ cinq ans, après un séjour au Maghreb, selon le Dauphiné libéré . Dans la mosquée An 'Nour (littéralement "la Lumière") qu'il fréquente à Roanne, son comportement alerte les fidèles. "Il recherchait à enrôler les jeunes en évoquant la question du paradis et en parlant du djihad", se rappelle le responsable de ce lieu de culte, fréquenté par de très nombreux étudiants. "Si tu continues, tu vas être mis dehors", le met en garde

Abdennour Bentoumi, responsable de la mosquée, qui goûte peu son prosélytisme et sa radicalité.

En 2012, il rejoint la Syrie en passant par l'Égypte, avec femme et enfants. Là, il se met à propager, sur sa page Facebook et son compte Telegram, des messages de propagande en faveur de l'État islamique. Des "canaux" très suivis et qui seront fermés peu après. Après la mort d'Adel Kermiche, l'auteur de l'attentat de Saint-Étienne-du-Rouvray, Rachid Kassim reprend la chaîne Telegram du jeune djihadiste de 19 ans, qu'il continue alors d'alimenter. Il y publie notamment une liste d'une dizaine de personnalités qu'il désigne comme des cibles "à exécuter" aux 300 personnes qui sont abonnées à son compte.

Un possible commanditaire

Les autorités françaises pensent que Rachid Kassim pourrait être l'inspirateur d'une dizaine d'actes terroristes ou tentatives d'attaques qui ont, parfois, causé des victimes et entraîné des arrestations. Son nom a été cité par une adolescente de Melun, arrêtée en 4 août alors qu'elle se préparait à commettre un attentat. Rachid Kassim semble également avoir encouragé la jeune majeure écrouée, le 10 août, à Clermont-Ferrand pour avoir posté sur les réseaux sociaux des messages inquiétants laissant craindre un possible passage à l'acte.

"Toutes les jeunes femmes arrêtées à Boussy-Saint-Antoine (Essonne) étaient plus ou moins en contact avec ce djihadiste, via Internet ou la messagerie cryptée Telegram", relèvent les enquêteurs. C'est lui qui aurait suggéré le mode opératoire de l'attaque de Notre-Dame de Paris. "Remplir une voiture de bonbonnes, la garer dans un endroit fréquenté... et boom", avait-il écrit sur Telegram.

Barbu, vêtu d'une tenue militaire et d'un turban noir, Rachid Kassim a été identifié dans la vidéo, postée mercredi soir, qui revendiquait l'attentat de Nice par Daech. Dans ce document, cet homme de 29 ans loue l'action du tueur de Nice, Mohamed Lahouaiej Bouhlel. Puis clôt son intervention face caméra dans un bain de sang, en décapitant avec un complice deux otages au couteau.

Originaire de Roanne dans la Loire, Kassim a quitté la France en 2012. Direction l'Egypte, après plusieurs mois marqués par une profonde radicalisation. Avant son départ, ses proches l'avaient vu changer, au retour d'un séjour en Algérie. Transformé et obnubilé par le Coran, il se crée des inimitiés jusque dans les mosquées, où ses discours extrémistes gênent les fidèles. Le Roannais trouve alors refuge dans le djihad. Direction l'Égypte, puis le Moyen-Orient.

Avant d'être filmé en Irak, Rachid Kassim a fait parler de lui au début de l'année 2016. Une page Facebook appelant au djihad, et vraisemblablement animée par lui-même, avait été fermée après des articles de presse. Aujourd'hui, il réapparaît de la plus sinistre des manières.

Grâce à la lecture des rapports rédigés par les fonctionnaires de la sécurité publique dimanche 4 septembre 2016, on comprend mieux les raisons pour lesquelles la police a tardé à prendre en compte le danger constitué par la Peugeot 607 contenant des bonbonnes de gaz. Selon le procureur de la République François Molins, qui s'est exprimé vendredi lors d'une conférence de presse consacrée à l'enquête sur cette voiture, les femmes interpellées depuis s'apprêtaient à commettre un attentat et le commando a été « téléguidé » par des djihadistes du groupe État islamique depuis la Syrie.

Dimanche, le premier appel est passé par un employé du café Le Petit Pont au commissariat du 5e arrondissement « vers 4 h 45 », comme l'indique la note rédigée à l'intention du commissaire divisionnaire, chef du 3e district.

« C'est une erreur d'appeler le poste de police. Il aurait fallu composer le 17 où tout est enregistré. Il existerait aujourd'hui une traçabilité des demandes d'intervention sur ce véhicule », commente un haut fonctionnaire de la préfecture de police. La communication signale « un véhicule stationné 1, rue du Petit-Pont en warning et dépourvu de plaques d'immatriculation avant et arrière ». Les policiers de permanence écrivent qu'« en orientant la caméra à l'adresse indiquée, un véhicule est remarqué, feux de détresse allumés ». « Un homme est monté à bord du côté passager, puis ce véhicule a quitté les lieux à 4 h 48. »

Pourtant, à 5 h 15, note le rapporteur, le gérant de la brasserie réitère son appel. Cette fois, la caméra ne voit rien. À la même heure, il précise : « Les équipages de l'arrondissement étaient engagés sur des missions au moment des appels, à savoir des constatations de cambriolages, aliénés et tapage nocturne. »

En fait, pour les policiers, le patron de la brasserie se serait tout simplement trompé d'adresse. La voiture était mal garée au 42, rue de la Bûcherie depuis 2 h 30 dans la nuit de samedi à dimanche. À 4 heures, le rédacteur a constaté sur la vidéo la présence d'une voiture de police au 1, rue du Petit-Pont « sans que personne requière cet équipage. Alors que les fonctionnaires de police mettent pied à terre, ils n'ont pas été requis par l'auteur des appels émis au standard du commissariat des 5e et 6e arrondissements ».

Le 8 septembre, un rapport complémentaire est rédigé alors que la polémique enfle, attisée par la maire de l'arrondissement Florence Berthout. L'un des policiers de permanence décrit la situation: « J'ai évalué cette demande [les appels téléphoniques réitérés, NDLR] comme un véhicule étant en stationnement gênant sur la voie publique, et non en voiture suspecte. Cette conclusion a été conduite, car ce secteur est très fréquenté la nuit, de nombreux véhicules stationnent et s'arrêtent fréquemment... »

Par ailleurs, la qualité de l'image, précisent les rapporteurs, ne permettait pas de voir s'il y avait une immatriculation sur le véhicule. En conclusion, selon les policiers, eux-mêmes comme les « lanceurs d'alerte » ont considéré cet événement comme banal, car personne – rien ne le mentionne dans les rapports consultés par Le Point.fr – ne fait état de la présence de bonbonnes de gaz dans le véhicule.

La première intervention sur le véhicule suspect avec l'aide du laboratoire central de la préfecture de police qui ouvrira les portières à l'explosif a eu lieu à 7 h 20, ainsi qu'il est indiqué dans le procès-verbal de constatation.

Le projet d'attentat d'un mineur à Paris, le projet d'un commando de femmes djihadistes qui voulait faire exploser une voiture avec des bonbonnes de gaz et le commando de Saint-Etienne-du-Rouvray, qui a assassiné le père Jacques Hamel, ont-il été pilotés à distance depuis les territoires contrôlés par l'Etat islamique ?

Les différentes enquêtes avancent et plusieurs indices semblent mener au djihadiste Rachid Kassim, propagandiste de l'Etat islamique, via l'application cryptée Telegram, très prisée des djihadistes.

Dès la mi-août, "L'Express" assure que les services de renseignements ont découvert des conversations entre les deux terroristes de Saint-Etienne-du-Rouvray, Adel Kermiche et Abdel-Malik Petit Jean, et le djihadiste, originaire de Roanne. Son nom réapparaît dans l'affaire de la voiture aux bonbonnes de gaz et dans l'enquête concernant un jeune mineur arrêté samedi à Paris.

Djihadiste français influent

Si le rôle de Rachid Kassim dans la préparation effective de l'attaque de Saint-Etienne-du-Rouvray n'a pour l'instant pas pu être établi, il pourrait néanmoins avoir accéléré le passage à l'acte des deux jeunes terroristes.

Bien connu pour son activité de propagandiste sur les réseaux sociaux, Rachid Kassim, 29 ans, est à la tête, comme le rappelle "L'Express", d'une chaîne Telegram sur laquelle il publie quotidiennement la propagande du groupe terroriste et des appels à mener des actions violentes sur le territoire français.

Quelques jours après l'assassinat de Jacques Hamel, ce membre influent de la communauté djihadiste francophone était apparu sur une vidéo - diffusée par les canaux officiels de communication de Daech - félicitant Adel Kermiche et Abdel-Malik Petit Jean. Au côté d'un autre djihadiste, la vidéo macabre le montrait également en train de décapiter un prisonnier avec un couteau.

Ancien rappeur amateur de la banlieue roannaise, Rachid Kassim s'était semble-t-il radicalisé en 2011 lors d'un voyage en Algérie. En 2012, il s'était envolé avec femme et enfants en

Egypte, période à laquelle les services de renseignements avaient perdu sa trace.

Son apparition dans un vidéo de décapitation acte son changement de statut au sein de l'organisation terroriste depuis plusieurs mois. Ancien simple relais de la propagande de l'Etat islamique, il se serait désormais "spécialisé" dans le recrutement de jeunes francophones radicalisés ayant échoué à rejoindre le "Cham" tels Adel Kermiche et Abdel-Malik Petit Jean.

Il a par ailleurs félicité l'auteur de l'attentat qui a fait 86 morts le 14 juillet à Nice, dans une vidéo mettant en scène l'exécution de prisonniers syriens. Toujours d'après les informations de "L'Express", le Roannais pourrait bien être l'auteur des messages diffusés après l'attentat de Saint-Etienne-du Rouvray sur la chaîne Telegram d'Adel Kermiche 'Ansar at Tawhid". Le terroriste, tué par la police le 26 juillet, aurait donc fourni à son "successeur" les codes d'accès de sa chaîne avant de passer à l'action.

Une semaine après l'attaque, un enregistrement audio et trois photos avaient été diffusées sur le groupe de discussion privé qu'alimentait jusqu'à sa mort Adel Kermiche : le visage de Khaled Kelkal, terroriste islamiste algérien et membre du GIA impliqué dans les attentats de 1995 ; une capture d'écran de la vidéo de revendication des deux assassins de l'église et un portrait de Larossi Abballa, le terroriste qui a tué deux policiers à leur domicile de Magnanville. "Qu'Allah bénisse les lions solitaires", écrivait le nouvel administrateur du groupe.

Désormais, Rachid Kassim utiliserait l'ancien canal Telegram de Kermiche pour relayer les contenus qu'il publie sur sa propre chaîne dont des séries de conseils - compilés dans des "manuels" - à l'adresse des aspirants terroristes pour mener à bien des opérations terroristes en France.

Le nom de Rachid Kassim réapparaît environ un mois plus tard, lors de l'enquête portant sur l'attentat manqué à Paris, mené par un commando de plusieurs femmes radicalisées. Les enquêteurs estiment que le commando a été "téléguidé" depuis la Syrie et s'interrogent une nouvelle fois sur le rôle du djihadiste français Rachid Kassim.

"Des éléments ont étayé qu'il avait été en contact via Telegram avec l'une des protagonistes", relève une source proche de l'enquête. Les appels au meurtre de Kassim ont pu inspirer les cibles évoquées par le commando de femmes, précise une autre.

Le procureur de la République François Molins a par ailleurs souligné que l'une des femmes impliquées dans ce projet d'attentat, Sarah H., était la "promise" d'Adel Kermiche, après avoir été celle de Larossi Abballa, abattu après avoir assassiné un policier et sa compagne le 13 juin à Magnanville, dans les Yvelines.

Elle devait maintenant se marier avec Mohamed Lamine A., placé en garde à vue dans cette nouvelle affaire, et dont le frère est lui incarcéré pour ses liens avec Larossi Abballa. Tous ces liens entre les protagonistes des deux attentats et du projet avorté pourraient laisser penser que Rachid Kassim est également impliqué, en tant que commanditaire ou de "propagandiste", dans l'attentat de Magnanville. Larossi Abballa avait d'ailleurs cité une liste de cibles lors de son attaque, liste qui avait été diffusée par Rachid Kassim sur Telegram.

"Abballa faisait partie de son groupe Telegram, et Kassim a eu une véritable influence dans cette affaire", assure même une source proche de l'enquête.

Rachid Kassim était, enfin, en contact via Telegram avec le jeune adolescent de 15 ans seulement, qui projetait, selon la police de "passer à l'acte" de manière imminente.

Selon iTélé, les enquêteurs ont en effet intercepté des messages de l'adolescent sur le réseau social Telegram, dans lesquels il se disait prêt à passer à l'acte, dans des lieux publics à Paris, avec une arme à feu. Toujours selon iTélé, les messages interceptés étaient destinés à Rachid Kassim.

Les Frères Clain

Celui qui a revendiqué les attentats de Paris au nom de Daech a passé de nombreuses années à Alençon. Le souvenir qu'il y laisse n'est pas celui d'un terroriste. «*Doux, calme, ouvert, parlant l'arabe couramment et maniant très bien la langue française.* » Voilà comment décrire Fabien Clain. Quand la voix de ce Français de 37 ans s'élève au lendemain des attentats de Paris pour les revendiquer au nom de Daech, «stupeur et effroi» s'abattent sur celles et ceux qui l'avaient côtoyé lorsqu'il vivait dans l'Orne.

Voix claire et posée, il explique que Paris a été choisie car elle est "la capitale des abominations et de la perversion." Clain se réjouit de "la mort des idolâtres du Bataclan" et estime le bilan "au minimum à 200 croisés tués".

L'homme parle de huit assaillants et évoque les lieux choisis, le Stade de France, le Bataclan et "d'autres cibles dans le 10e, le

11e et le 18e arrondissement". La preuve que l'enregistrement a été réalisé avant les attaques, étant donné qu'aucun attentat n'a été commis dans le 18e, où se serait trouvé Salah Abdeslam. D'ailleurs, celui-ci n'aurait pas dû survivre, puisque Clain assure que ses "frères ont déclenché leurs ceintures d'explosifs au milieu de ces mécréants après avoir épuisé leurs munitions."

Seul le commanditaire des attaques, ou un proche de celui-ci, pouvait avoir accès à autant de détails. Seul un membre haut placé dans la hiérarchie pouvait offrir une exposition médiatique à son frère cadet, Jean-Michel, l'homme qui chante avant et après le fameux message de revendication.

En Normandie

Né à La Réunion le 30 janvier 1978, Fabien Clain a passé de nombreuses années en Basse-Normandie. Scolarisé à l'école Robert-Desnos d'Alençon entre 1986 et 1991, c'est là qu'il rencontre celle qui deviendra sa femme, Mylène. C'est sa mère, chrétienne pratiquante, qui l'élève seule. À l'école primaire, il fait la connaissance de Mylène, qui deviendra son épouse à 21 ans.

En 1991, Fabien Clain repart à La Réunion avec sa mère, ses frères et sœurs. Puis revient dans l'Orne quatre ans plus tard pour terminer ses études. Il y retrouve Mylène «par hasard», témoigne la mère de celle-ci. «Il était gentil, on ne peut pas lui enlever ça.» À la fin des années 1990, toute la famille Clain se convertit à l'islam. «En 1998», se souvient Sarah, la cousine des frères Clain. Puis «ils sont partis s'installer à Ambax (à une soixantaine de kilomètres au sud-ouest de Toulouse). J'y allais souvent voir ma marraine, la mère de Fabien et Jean-Michel.»

À Toulouse, Fabien Clain et son frère Jean-Michel se radicalisent. Surnommé "Omar" par ses proches, il a lui aussi longuement vécu à Toulouse. Ils se rapprochent des familles Essid et Merah et fréquentent assidûment Olivier Corel, «l'émir blanc» d'Artigat, dans l'Ariège. «*Fabien part ensuite en Égypte. Pour apprendre l'arabe*», détaille Sarah. En 2009, il est condamné à 5 ans de prison pour avoir animé une filière d'acheminement vers l'Irak. Fabien Clain est alors qualifié de "tête pensante" du groupe.

À sa sortie de prison, fin 2012, interdit de séjour dans 22 départements du sud, il revient à Alençon avec femme et enfants. Il donne des cours d'arabe pour adultes à la mosquée Mahabba (amour, en arabe). Très vite, l'association lui demande d'arrêter après la diffusion de Pièces à conviction, en mars 2013, où il apparaît comme un proche de Mohamed Merah. « *Il a alors cessé de venir à la mosquée. Jamais nous n'aurions pu deviner qu'il irait jusque-là*», confie Omar Sadequi, président de l'association Mahabba.

À cette époque, Fabien Clain «ne travaille pas», selon sa cousine. Pourtant, on retrouve la trace d'une société de vente de livres, domiciliée dans le quartier de Perseigne, à Alençon, sa dernière adresse connue. À cette période, certains voisins évoquent des allers-retours en Belgique.

En février 2015, c'est la dernière fois qu'il est vu à Alençon. Pour beaucoup, il rejoint la Syrie dans la foulée. Mais il semblerait qu'il ait fait un dernier passage à Ambax. En juin, Sarah s'y rend. « *Je venais d'apprendre le décès de ma marraine. C'est là que j'ai su que Fabien et sa mère étaient partis en Syrie depuis le mois de mai. Elle est morte là-bas.*»

À ce moment-là, la gendarmerie confisque les papiers de Mylène. « *Pourtant, cet été, elle m'a envoyé un message. Elle disait être en Syrie avec leurs trois enfants, poursuit Sarah. Comment ils ont fait pour voyager ? Ça, je ne sais pas…».*

Sid Ahmed Ghlam

Sid Ahmed Ghlam a bel et bien été téléguidé depuis la Syrie. L'étudiant algérien de 24 ans, suspecté d'avoir fomenté un projet d'attentat contre une église de Villejuif, était en relation avec des Français partis faire le djihad en Syrie. Sid Ahmed Ghlam communiquait avec ses commanditaires via des conversations chiffrées sur Internet.

Dans un des messages, dans lequel ils lui indiquent comment récupérer une voiture, les djihadistes font l'erreur d'utiliser des pseudonymes. C'est comme cela que les enquêteurs remontent jusqu'à au moins trois hommes, tous connus des services de renseignement et localisés en Syrie. L'un d'eux s'appelle Fabien Clain, un homme qui a contribué à radicaliser les deux autres.

Le meurtre d'Aurélie Châtelain, "apparemment non-prémédité, a fait dérailler un scénario écrit depuis plusieurs semaines". Aujourd'hui, celui-ci affirme que c'est un complice qui a accidentellement tué la jeune femme, la sécurité de l'arme étant "partie toute seule". Ghlam se serait alors volontairement tiré une balle dans la jambe, afin de se rendre à la police, prétend-il. Les enquêteurs estiment, eux, qu'il s'est blessé accidentellement.

S'il ne s'était pas tiré cette balle dans la jambe, le dimanche 19 avril, tout porte à croire que l'étudiant de 24 ans sans casier judiciaire serait passé à l'acte dans une église de Villejuif, dans le Val-de-Marne. Il en avait en tout cas bel et bien reçu l'instruction écrite, deux jours avant.

Dans cette affaire d'attentat manqué, les enquêteurs sont sur la piste de commanditaires français basés en Syrie. Et Ghlam, "confronté aux éléments du dossier", a "finalement décidé de s'expliquer".

L'un des principaux suspects serait un homme bien connu des services de renseignement: Fabien Clain, un ex-cadre de la filière d'Artigat, en Ariège - la filière dans laquelle évoluait Mohamed Merah.

C'est une série de messages, retrouvés dans le matériel informatique de Ghlam, qui ont permis aux enquêteurs de remonter jusqu'à lui. Un interlocuteur basé à l'étranger - qui ne donne jamais son nom - demande à l'étudiant en informatique de se rendre dans un garage, situé à Pierrefitte-sur-Seine, en Seine-Saint-Denis, pour récupérer une voiture et y cacher son arsenal.

"*Quand tu arrives là-bas, tu demandes à parler à Rabi*", est-il écrit. "*Dès que tu le vois tu lui dis: 'Je viens de la part de Vega et Thomas pour récupérer la BMW 318'*".

Des informations précieuses pour la DGSI, qui parvient à identifier les deux complices en quelques jours: Macreme A. et Thomas M., deux hommes originaires de Seine-Saint-Denis que Fabien Clain aurait endoctrinés avant qu'ils ne quittent la France, début 2015, pour la Syrie.

Si les trois hommes n'ont pas pu être entendus, l'enquête de la DGSI a permis la mise en examen de trois personnes ces dernières semaines. Le premier, un certain Rabah B., dit le "Kabyle", est soupçonné d'avoir organisé la livraison de l'arsenal caché dans la Mégane, à l'attention de Ghlam. Son nom avait déjà été cité dans une affaire de jihadisme.

Le deuxième homme est un proche de Moussa Coulibaly, qui avait agressé trois militaires au couteau à Nice, le 3 février dernier. Quant au troisième, il "*fréquente un ancien membre du Groupe islamique combattant marocain, suspecté d'avoir commandité les attentats de Casablanca et de Madrid au début des années 2000*", écrit Le Monde.

Enfin, un quatrième homme, dont l'ADN avait été retrouvé sur une brosse à cheveux au domicile de Ghlam, a finalement été relâché. Mais les enquêteurs ont découvert que son frère, un déserteur de l'armée française, avait été "l'élève de Farid Benyettou", surnommé "l'émir des frères Kouachi", les deux auteurs de la tuerie de Charlie Hebdo.

Mohamed Merah

"Le tueur au scooter" s'inquiète à la fin des années 2000 du procès à venir de Fabien Clain. Si bien qu'il prend des nouvelles de lui grâce à son frère et va jusqu'à lui écrire une lettre depuis sa cellule, où il purge une peine pour des faits de délinquance.

Fabien Clain est à son tour en détention lorsque Mohamed Merah commet ses meurtres sanglants. Fait étrange, à sa sortie en août 2012, il s'installe en Normandie et s'insurge contre un reportage sur France 2 dans lequel il est décrit comme un proche du terroriste. Il assure à l'époque que sa vie est un enfer depuis la diffusion et qu'il porte plainte contre France télévisions. Et ce, malgré les preuves accablantes qui le contredisent.

Toulouse

À l'époque, Clain se décrit comme un rappeur d'un genre particulier, un "Rappeleur", chantant la gloire de sa nouvelle religion. Lui écrit les textes, Jean-Michel, son petit frère les chante. Pas besoin de disposer d'une source au sein des services de renseignements pour suivre le début du parcours de Clain. Tout est sur le web. Ses compositions ? Elles tournent toujours sur le site Myspace.

À Toulouse, cité du Mirail, Clain passe un cap dans sa foi. Alors que sa femme se voile intégralement, il se radicalise et donne dans le prosélytisme. Décrit comme affable et chaleureux, son pouvoir de persuasion est très fort. Son charisme, indéniable. À son contact, un jeune homme de 16 ans change sa façon de voir le monde. Il s'agit de Sabri Essid. En mars dernier, ce vétéran du jihad est apparu dans une vidéo de propagande de Daesh, ordonnant à son fils de 10 ans de tuer un otage.

Sabri Essid n'est autre que le demi-frère de Mohamed Merah, l'auteur des attentats de Montauban et Toulouse en 2012, responsable de la mort de trois militaires et de trois enfants et un enseignant à l'école juive Ozar Hatorah. Quant à Adbdelkader Merah, le frère de Mohamed, il est l'un des meilleurs amis de Fabien Clain. Petit à petit la galaxie Clain se met en place.

L'émir blanc

En 2004, c'est en Ariège, à Artigat que Clain et ses proches poursuivent leur périple. Ils y sont accueillis par Olivier Corel, dit "l'émir blanc". Condamné pour détention d'arme à six mois de prison avec sursis le 25 novembre dernier, Olivier Corel a affirmé *"n'être ni imam, ni chef, ni rien de tout ça"*. Il n'empêche que, dans sa communauté chaque mois plus nombreuse figuraient aussi Sabri Essid, Abdelkader Merah et sa soeur Souad.

2007, la filière d'Artigat est démantelée. Plusieurs de ses membres sont mis en examen pour avoir permis à de jeunes Français d'aller se battre pour Al-Qaida en Irak. Désormais bien connu des services secrets français, Fabien Clain fait l'objet d'un fiche "S" alors qu'il est parti vivre en Egypte. À son retour en France en 2008, il est arrêté et condamné à cinq ans de prison l'année suivante.

Incarcéré jusqu'en 2012, Clain va trouver, à la maison d'arrêt de Fleury-Mérogis, le terrain idéal pour continuer son œuvre d'endoctrinement. À sa libération, il revient à Alençon où, il se serait lancé dans la vente de... produits bio.

À Alençon, où vivent encore des membres de la famille de Fabien et Mylène Clain, c'est la stupéfaction. Interrogée, la cousine du djihadiste vétéran n'en revient pas. *"Quand j'ai entendu la voix de Fabien et le chant de Jean-Michel sur la revendication de Daech, j'étais sciée. Ils ont joué un double jeu. J'étais à mille lieues de penser qu'ils pratiquaient un islam radical. C'est une trahison pour tout le monde. Pour moi, qu'il ait revendiqué ou commandité les attentats, c'est pareil ! C'est une pourriture qui salit l'islam et sa famille."*

Assignée à résidence, la jeune femme n'ose plus sortir de chez elle, *"par peur d'être assimilée à Fabien et Jean-Michel"*. Même chose pour la grand-mère des enfants Clain, la mère de Mylène, qui ignorait que sa fille était partie en Syrie. Les enquêteurs se sont également rapprochés des parents de sa femme, Mylène. «*On vit un drame. On avait une vie tranquille, maintenant c'est fini. Nous sommes victimes de tout cela*», a déclaré sa belle-mère. Cette famille d'Alençon était loin de se douter des activités terroristes de leur gendre.

La mère de Mylène se souvient de la rencontre de sa fille et de Fabien sur les bancs de l'école et de sa conversion à l'islam. «*Quand Mylène a commencé à se voiler, son père a refusé de la voir*», confie l'Alençonnaise. De son côté, elle reste en contact avec sa fille qu'elle finit par héberger avec ses trois enfants.

Puis c'est la disparition. La dernière fois que la mère de famille voit Mylène et ses petits-enfants «*c'était en février dernier*», se souvient-elle. Inquiète, elle s'était alors rendue au commissariat pour «*signaler une disparition inquiétante*». À l'époque, les passeports de l'épouse et des enfants de Fabien Clain sont confisqués. Mais pour sa belle-mère, «*sa fille et ses trois enfants ne sont plus en France*».

«*Pour moi, qu'il ait revendiqué ou commandité les attentats, c'est pareil!*», affirme la cousine de Fabien Clain. Avant d'ajouter: «Moi je suis convertie depuis 2013 mais je pratique un islam modéré. Les forces de l'ordre pensent que je suis liée à eux, mais je n'ai pas choisi ma famille, j'étais à mille lieues de penser qu'il pratiquait l'islam radical» a-t-elle soutenu. Du fait de son assignation, la jeune femme doit pointer quatre fois par jour au commissariat. «*J'ai peur de sortir, d'être agressée par des gens qui m'assimilent à Fabien et Jean-Michel*», craint-elle.

Concernant la disparition de la femme de Fabien, sa cousine est formelle: «*Pendant l'été, j'ai reçu un message me disant qu'elle était en Syrie avec les enfants. J'ai parfois quelques nouvelles de sa part mais juste pour me dire comment vont les enfants, c'est tout»*. Quant à son cousin, elle dit l'avoir vu pour la dernière fois en début d'année.

Sabri Essid

Sabri Essid, 31 ans, est originaire du quartier des Izards à Toulouse, comme les Merah. Il commence à s'intéresser à la religion à l'adolescence. En 2000, il a 16 ans quand il quitte le domicile familial pendant deux mois pour habiter non loin, à Bellefontaine, chez Fabien Clain. De six ans son aîné, ce converti joue auprès de lui un rôle de mentor. Interrogée par les enquêteurs en 2007, la mère de Sabri Essid parle d'un changement radical, en deux mois seulement.

Au même moment, autour d'« Abdelnasser », alias Abdelkader Chadli, en lien avec le Front islamique tunisien et le GIA algérien, se constitue à Toulouse, une cellule dont un converti, le dit Fabien Clain, prend bientôt les rennes. Si Sabri Essid a commencé à prier, selon ses propres déclarations depuis l'âge de 14/15 ans, c'est au contact de ce chef, décrit comme charismatique mais qui n'apparaissait pas pour certains acteurs de l'affaire comme « le plus dangereux », que Sabri Essid se laissera, d'après sa mère, « influencé ».

Autour de Fabien Clain, se constitue un petit groupe qui tient un étal au marché de la place Saint-Sernin à Toulouse, et fait du prosélytisme derrière la vente de livres religieux. Sabri Essid et deux autres comparses, s'attardent sur de tout autres conseils. Auprès des badauds attirés, arrêtés devant l'étalage, les membres de la « communauté » en profitent pour faire du prosélytisme. Embusqués, les renseignements observent. La provenance du matériel religieux, édité par l'association salafiste belge Al imam al bokhari, ne leur échappe pas, pas plus que les va-et-vient du groupe toulousain en Belgique.

Car avant d'être devenu le repère des Merah, la Belgique fut d'abord celui de Sabri Essid et de quelques autres, dont Fabien Clain et son frère Jean-Michel, qui avaient même tentés de s'installer à quelques encablures d'Anvers, à Utrecht, aux Pays-Bas. Le groupe toulousain, qui présente déjà un caractère sectaire, s'affiche ainsi paradoxalement, dès ses débuts, par ses ramifications à l'international. En Belgique donc, mais aussi en Egypte, en Syrie, où les membres se rendaient tantôt en bus, en empruntant une ligne Eurolines au départ de la Porte de Bagnolet, à destination de la Bulgarie, tantôt en avion depuis Bruxelles, profitant alors pour faire une « étape » chez des « frères ».

La Syrie

Fin 2006, Sabri Essid part pour la Syrie. C'est en cherchant à rejoindre l'Irak pour s'y battre contre les Américains qu'il est arrêté à Hama, en compagnie de Thomas Barnouin, originaire d'Albi. Ce qui vaudra à sa mère d'être interrogée par les enquêteurs français en février 2007. Face à eux, elle évoque, impuissante, un fils qui a « toujours été attiré par l'islamisme radical ».« Encouragé » en cela par son père. Sabri Essid, de fait, bascule tôt, dès 2000, lorsqu'il quitte le domicile familial, à Toulouse, pendant deux mois pour être hébergé non loin, dans le quartier Bellefontaine chez un certain Fabien Clain, de six ans son aîné, et qui jouera auprès de lui un rôle de mentor.

Sabri Essid a alors 16 ans. « *A partir de cette époque, le comportement de (s)on fils a radicalement changé. Il parlait sans cesse de religion et du djihad* » poursuit la mère. A 17 ans, à l'âge où d'autres « *ne sont pas sérieux* », la « *vie sociale* » du jeune Essid « *semble s'être limitée aux relations religieuses* » note le docteur en psychopathologie, chargée de l'examiner, au cours du procès.

Remis à la France, Sabri Essid est jugé par le Tribunal de grande instance de Paris, en 2009, avec l'ensemble de la filière dite d'Artigat, qui organisait le départ de combattants vers l'Irak. Devant le Tribunal de grande instance de Paris, en 2009, Sabri Essid ne nie pas avoir tenu ses propos. « La page est tournée » affirme-t-il cependant. Pourtant, à la barre, il laisse un souvenir différent. Celui de la « petite frappe » radicalisée à qui « la prison n'avait pas fait du bien. » « Essid s'était défendu seul, sans avocat, en reprenant l'habituelle diatribe : "je ne reconnais pas ce tribunal, seul Dieu me jugera..." C'est ce qu'on leur apprend en prison » explique une source proche du dossier.

Il écope de 5 ans de prison dont un avec sursis, pour "association de malfaiteurs en vue de la préparation d'un acte terroriste". Libéré en novembre 2010 après 4 ans de prison, il trouve un emploi de grutier.

Sabri Essid indique avoir été torturé. Electrocuté. Il présente d'ailleurs une « abrasion des poils sur la zone testiculaire ». Même obtenu sous la torture par les services syriens, ses aveux quant à sa volonté d'aller faire le djihad en Irak, envahi à l'époque par les Américains, ne font pas de doute pour la justice française. N'ayant toutefois pas pu se rendre sur les terres de Saddam Hussein, ce n'est que l'intention qui sera finalement jugée. « C'est là toute la difficulté de ces procès » observe un connaisseur du dossier. « On ne condamne pas pour des faits préventifs. C'est très délicat d'appréhender ce genre de profil... »

Pour un ancien de la bande de Toulouse néanmoins, entendu par les enquêteurs, Sabri Essid « était sans pitié (...) manifestait sans précaution le désir de se rendre en Irak, il n'hésitait pas à crier sa haine des Américains. » Des « déclarations » de Ben Laden et des « reportages sur les détenus de la base américaine de Guantanamo » avaient d'ailleurs été retrouvés parmi les affaires de Sabri Essid, lors de son arrestation au cours de laquelle des armes avaient également été saisies. S'il n'avait pas pris les armes plus tôt, c'est aussi qu'il avait des dettes vis-à-vis de son père, informe une note des renseignements que Marianne a pu consulter.

Des dettes dont il s'acquittera en vendant sa BMW : « Il voulait partir libre » et avait donné, selon des dépositions, à un autre membre du groupe « la liste de ses dettes pour lui permettre d'aller au paradis ».

Issus du même quartier que Merah, les deux hommes se rapprochent encore plus en 2010, quand le père de Sabri Essid épouse religieusement la mère de Mohamed Merah. Ils se présentent alors comme "demi-frères". Ils sont en contact dans les mois précédant les tueries de Toulouse. C'est Sabri Essid qui organise les funérailles de Mohamed Merah, après sa mort en mars 2012 dans l'assaut donné par le Raid.

Daech

Le groupe est surveillé par la police, qui les file lors de séances de paintball, de réunions dans des appartements et de déplacements à Grigny, en région parisienne. De nouvelles têtes, notamment des convertis, apparaissent dans leur entourage. Mais leur suivi n'empêche pas leur départ simultané d'Albi et de Toulouse pour la Syrie entre mars et avril 2014. Une vingtaine de départs au total.

«Le profil de types comme ceux du groupe d'Artigat est inquiétant. Ce sont des fondus qui auront gagné en influence à leur retour, s'ils reviennent», commente une source judiciaire. Depuis septembre 2013, le juge antiterroriste Marc Trévidic enquête sur ce réseau dit «Artigat 2» et «susceptible de commettre des attentats sur le territoire national». Sabri Essid et comparses sont soupçonnés de continuer à recruter dans la région toulousaine.

Surveillé par la DGSI depuis sa sortie de prison, et par la justice qui compte l'entendre dans l'affaire Merah, Sabri Essid parvient malgré tout à rejoindre les rangs de l'organisation Etat Islamique mi-avril 2014. Il part avec son épouse et quatre enfants: son beau-fils de 12 ans, Rayan, et leurs trois enfants en bas âge.

Le 10 mars 2015, Sabri Essid apparaît dans la vidéo de l''exécution d'un otage Arabe israélien, soupçonné d'un espion du Mossad. Le film diffusé par l'Etat islamique marque une étape dans l'horreur : à ses cotés, on voit son beau-fils, Rayan, 12 ans, tirer sur l'otage. Sabri Essid évoque en français l'attaque de l'Hyper Cacher deux mois plus tôt, et menace de s'en prendre aux Israéliens :

« Oh vous les juifs, Allah nous a permis de tuer vos frères sur le sol français, et ici sur la terre de l'Etat islamique. (...) Les conquêtes islamiques viennent de commencer, les juifs tremblent car la promesse est proche. »

Agenouillé, à ses pieds, un jeune arabe israélien qu'il accuse d'appartenir au Mossad. Revêtu d'un T-shirt orange semblable à la tenue des prisonniers de Guantanamo, l'otage attend la mort. On ne sait si c'est l'enfant qui accompagne Sabri Essid ou Sabri Essid lui-même qui la lui donnera.

Revolver à la main, « Allahou akbar » à la bouche, le garçonnet (que ses anciens camarades d'école à Toulouse ont reconnu) grimace. A ses côtés, à peine plus grand que lui, dans un treillis couleur terre, Sabri Essid prend quant à lui la parole. En français. Celui qui a longtemps été dans l'ombre de son « frère » d'arme, Mohamed Merah (qu'il a d'ailleurs enterré, avec seulement quelques intimes) s'avance sur le devant d'une scène qu'il occupe en réalité depuis bien longtemps.

L'emir Blanc

Tout ce petit groupe (Essid, Clain, plus tard les Merah) se rend régulièrement à Artigat en Ariège, chez le prédicateur Olivier Corel dit « l'émir blanc », leur guide spirituel. Bien que Sabri Essid, lors de ses auditions, a « manifestement » cherché « à protéger » Corel, il apparaît que le vieil homme, prédicateur redoutable, a « logé » chez lui, à Artigat (en Ariège), Sabri Essid, qui s'y rendait à une époque, « tous les samedi », avec les autres membres du groupe : Fabien Clain et sa femme Mylene et plus tard, les Merah. «*Ils avaient tous soif de recevoir l'enseignement de (Corel) sur le djihad*» concluent les enquêteurs. Sur le mariage aussi, Olivier Corel ayant célébré les noces entre la mère Merah et le père Essid, avec la bénédiction des enfants.

Olivier Corel

Onze jours après les attentats du 13 novembre, le domicile d'Olivier Corel, 69 ans, surnommé l'« Emir blanc », principal mentor d'un réseau salafiste de la région toulousaine par lequel sont passés les frères Clain ou encore Mohamed Merah, a fait l'objet d'une perquisition administrative, mardi 24 novembre.

En fin d'après-midi, il a été placé en garde à vue pour possession illégale d'une arme de chasse. Son interpellation s'est faite en même temps que quatre autres perquisitions administratives dans l'Ariège et six assignations à résidence. Il a finalement été condamné à six mois de prison avec sursis pour détention d'arme, mercredi 25 novembre, en comparution immédiate devant le tribunal correctionnel de Foix.

Depuis plus d'une décennie, ce Syrien naturalisé français, de son vrai nom Abdel Ilat Al-Dandachi, est dans le collimateur de la justice et des policiers de l'antiterrorisme. Il n'avait jamais été condamné. Arrivé en France en 1973, ex-responsable de l'Association des étudiants islamiques de France, proche des Frères musulmans syriens, Olivier Corel a fondé, en 1987, la communauté islamiste du hameau ariégeois de Lanes, près d'Artigat, dans la vallée de la Lèze. De là, il enseignait la parole salafiste, sous couvert de cours de religion et de conférences sur la géopolitique au Moyen-Orient. C'est dans sa modeste maison qu'il recevait.

Tout le clan Merah est passé par là : Mohamed, sa sœur Souad, leur frère Abdelkader. Un certain Sabri Essid aussi. Olivier Corel a surtout eu comme élèves les frères Clain, Fabien et Jean-Michel. D'origine réunionnaise, convertis et mariés à deux femmes portant la burqa, leurs deux voix ont été identifiées sur la bande audio de revendication des attentats de Paris par l'EI. Tous les deux ont assidûment fréquenté la communauté d'Artigat depuis la fin des années 1990.

En 2009, Olivier Corel a bien été poursuivi pour « association de malfaiteurs en relation avec une entreprise terroriste » dans le cadre du procès d'une des premières filières démantelées d'envoi de candidat au djihad en Irak. Mais il a obtenu un non-lieu. Sabri Essid, lui, écope à l'époque de cinq ans de prison, tout comme Fabien Clain, condamné en 2009.

En novembre 2014, Olivier Corel a une nouvelle fois été placé en garde à vue, dans le cadre de l'affaire Merah. Mais il est là encore ressorti libre. Il affirmait alors avoir rencontré Mohamed Merah seulement une dizaine de jours avant son premier meurtre. Le jeune homme était venu le consulter dans sa maison d'Artigat pour une « question liée au divorce dans l'islam », avait-il soutenu. Lors de son audition, il a refusé de condamner le tueur au scooter.

Devenu prédicateur à son tour, Fabien Clain semble avoir recréé en Syrie le biotope d'Artigat. Avant leur départ pour la Syrie, Fabien Clain et son frère Jean-Michel auraient toutefois pris leurs distances avec l'« émir blanc », estimant qu'il « avait beaucoup vieilli ».

Apprécié dans la commune, il serait "très serviable" et donnerait souvent "des coups de main pour des travaux". Il vend notamment des poteries et des fripes sur les marchés locaux, porte une barbe longue et des bottes en plastique qui le ferait presque passer ce sexagénaire travailleur pour un "baba cool".

Proche des Frères musulmans syriens

Arrivé en France en 1973 pour des études de pharmacie rapidement abandonnées, Abdel Ilat al-Dandachi de son vrai nom, est d'origine syrienne. Il francisera son patronyme lors de sa naturalisation en 1983. Selon les policiers qui ont enquêté sur son parcours en 2008, cet homme, "interdit de séjour en Syrie", "utilisait ses relations dans les pays du Moyen-Orient pour faciliter et assister la logistique des salafistes toulousains".

Ancien responsable des Frères musulmans syriens en France et ex-président de la section toulousaine de l'association des étudiants islamiques de France, le "cheikh" s'installe dans ce coin paumé de l'Ariège en 1987. Poterie et élevage de cailles : au début, la petite communauté ne se fait pas remarquer. Même si les jeunes convertis affluent dès les années 1990.

Olivier Corel commence à prendre de l'influence à partir de 2003, date à partir de laquelle il est surveillé par les renseignements généraux. A Toulouse, deux "leaders" radicaux se sont en effet fait expulser. La nature a horreur du vide et c'est ainsi qu'Olivier Corel devient l'aimant de tout un groupuscule de jeunes, attirés par "ses grandes connaissances religieuses". Des individus déjà radicalisés comme les Clain, mais aussi toute une flopée de nouveaux convertis, comme ce Thomas C., qui disait aux policiers "avoir découvert l'islam après avoir lu la 'Critique de La Raison Pure'", puis démissionné de son boulot dans un supermarché "pour ne plus avoir à toucher des conserves contenant du porc".

Au printemps 2014, toute cette nébuleuse part en masse en Syrie, avec femmes et enfants. C'est le cas de Souad Merah et de son mari, de Sabri Essid, de tant d'autres. Le mari de Souad reviendra cependant peu après, ainsi que deux autres, se disant "effrayés" par ce qu'ils avaient vu là-bas. Olivier Corel a à nouveau été mis en garde à vue en novembre 2014, dans l'affaire Merah, puis relâché. Avec les attentats du 13 novembre, les enquêteurs sont déterminés à arracher les secrets de la filière Artigat, en ciblant ceux qui, comme Corel, sont encore "localisables". L'avocate Samia Maktouf soupire : "C'est trop peu, trop tard".

Les Autres

Imad Djebali

Parti faire le djihad en Syrie, il est revenu en France le 23 septembre 2014 où il s'est livré aux autorités françaises avec Abdeloualed El-Baghdadi et Gaël Maurize. Il a été condamné à quinze ans de prison en octobre 2017

Gaël Maurize

Parti faire le djihad en Syrie, il est revenu en France le 23 septembre 2014 où il s'est livré aux autorités françaises avec Abdeloualed El-Baghdadi et Imad Djebali. Il a été condamné à 8 ans de prison en octobre 2017.

Abdelouahed El-Baghdadi

Epoux de Souad Merah, il a rejoint la Syrie avant de revenir en France le 23 septembre 2014, où il s'est livré aux autorités françaises avec deux autres personnes : Imad Djebali et Gaël Maurize. Il a été condamné en octobre 2017 à 9 ans d'emprisonnement.

Souad Merah

Très influente au sein de la famille Merah, elle a soutenu avec véhémence les tueries perpétrées par son frère, Mohamed. Ciblée par une enquête pour «apologie du terrorisme», elle a quitté la France en 2014 pour la Syrie ou, plus probablement l'Algérie, avec ses 4 enfants.

Sabri Essid

Disciple de Fabien Clain dès ses 16 ans, très proche de Mohamed Merah, il est condamné avec Thomas Barnouin en

2009 pour avoir dirigé une cellule de recrutement djihadiste. Parti en Syrie après sa sortie de prison, il serait devenu l'un des bourreaux de Daech. On le voit notamment au printemps 2015 ordonner à un enfant, qui pourrait être son beau-fils, d'assassiner d'une balle dans la tête un homme, présenté comme un espion israélien.

Sid Ahmed Ghlam

Arrêté en avril 2015, il est soupçonné d'avoir voulu commettre un attentat contre une église de Villejuif (Val-de-Marne). Il est également le suspect principal du meurtre d'Aurélie Châtelain, 32 ans, tuée en voulant empêcher le vol de sa voiture. Dans l'attente de son jugement, il reste présumé innocent.

Samir Nouad

Samir Nouad est soupçonné par les services de renseignement français d'avoir été l'un des commanditaires du projet d'attentat déjoué contre une église de Villejuif (Val-de-Marne) le 19 avril 2015. Les analyses de l'ordinateur de Sid Ahmed Ghlam, le principal suspect de cette tentative d'attaque, ont révélé des liens avec Nouad. Les enquêteurs le soupçonnent d'agir sous le pseudonyme d'«Amirouche». Il aurait également supervisé Abdelhamid Abaaoud au sujet de la cellule de Verviers (Belgique), un commando terroriste franco-belge démantelé in extremis le 15 janvier 2015.

Abdelnasser Benyoucef

Connu des services de renseignement comme un vétéran du djihad, Abdelnasser Benyoucef est notamment passé par l'Afghanistan au début des années 2000. Les enquêteurs français le soupçonnent de se cacher derrière le pseudonyme d'«Abou Moutana», l'homme de Daech que Sid Ahmed Ghlam - suspecté d'avoir voulu commettre un attentat contre une église de Villejuif (Val-de-Marne) le 19 avril 2015 - désigne comme celui qui l'a incité à passer à l'acte.

Thomas Collange

Après avoir combattu plusieurs années sur le front irako-syrien, Thomas Collange a été arrêté par les forces kurdes en décembre 2017, en compagnie de plusieurs autres jihadistes français, dont Thomas Barnouin, comme lui issu de la filière dite d'Artigat. Son nom apparaît à plusieurs reprises comme visiteur régulier de « l'Emir Blanc », Olivier Correl, l'imam salafiste, dans la procédure pour « participation à une association de malfaiteurs en vue de la préparation d'un acte de terrorisme » pour laquelle sera condamné Thomas Barnouin en 2009.

Romain Garnier

Aperçu dans plusieurs vidéos de propagande de l'Etat islamique, Romain Garnier, issu de la cellule de Vesoul (Haute-Saône), a combattu plusieurs années sur le front irako-syrien avant d'être arrêté par les forces kurdes en décembre 2017, en compagnie de plusieurs autres jihadistes français, dont Thomas Barnouin.

Thomas Barnouin

Intercepté en 2006 sur la route de l'Irak et condamné en 2009 à cinq ans de prison pour avoir dirigé une filière de recrutement djihadiste dans la région de Toulouse, ce vétaran djihadiste était reparti en Syrie dès sa libération en 2014, avec femme et enfants. Les combattants kurdes l'ont arrêté mi-décembre 2017 dans le nord-est du pays, en compagie de sept autres jihadistes français.

Pierre Choulet

Pierre Choulet, avait à peine 18 ans quand il a quitté le domicile familial près de Vesou (Haute-Saone) pour rejoindre les rangs de Daesh en octobre 2013. Converti en moins d'un an, le jeune homme était inscrit à la faculté de sport de Besançon lorsqu'il est parti sur le front. Après seize mois de combats, il est mort en kamikaze après avoir fait exploser son camion piégé contre une caserne de miliciens chiites non loin de Begdad.

Sébastien Yunes

Sébastien Yunes, parti à Raqqa en 2014 comme une dizaine de jeunes adultes de Vesoul, intéressse particulièrement les enquêteurs depuis qu'ils l'ont identifié comme le destinataire du texto macabre envoyé par Yassine Salhi , originaire comme lui de Franche-Comté, après l'attentat de Saint Quentin-Falavier en Isère. Les deux hommes s'étaient fréquentés dans les années 2000 en fréquentant la mosquée de Pontarlier (Doubs).

Yassin Salhi

Le 26 juin 2015, il décapite son patron à Saint-Quentin-Fallavier (Isère) et tente de faire exploser une usine de gaz industriel. Interpellé et mis en examen, il se suicide en prison le 22 décembre à la maison d'arrêt de Fleury-Mérogis, où il était incarcéré en quartier d'isolement. Il s'est pendu avec ses draps aux barreaux de sa cellule.

Mohamed El Baz

Ce Lensois, parti en Syrie en 2014, a été condamné en juillet 2016, en son absence, à 10 ans de prison ferme dans le procès contre une «filière syrienne» originaire de Lens.

Sofiane Ouhemmou

Ce Lensois, interpellé avec son grand frère à la frontière syrienne par les autorités turques, en 2014, a été condamné en juillet 2016 à trois ans de prison, dont deux avec sursis, dans le procès contre une «filière syrienne» originaire de Lens. Tout juste titulaire du bac au moment du procès, il a quitté le tribunal avec l'obligation de porter un bracelet émectronique pendant un an.

Abdallah Boukfou

Ce Lensois, qui avait passé 4 mois en Syrie en 2014, a été condamné en juillet 2016 à 9 ans de prison dans le procès contre une «filière syrienne» originaire de Lens. A la barre, il a expliqué être parti parce que la création du califat correspondait à l'avènement «d'une prophétie». Il a reconnu avoir bénéficié d'un entraînement physique, appris à manier une kalachnikov. Mais il affirme avoir refusé de combattre, été emprisonné pour cela puis relâché après s'être dit prêt à commettre un attentat en France, une version sur laquelle il est ensuite revenu.

Kevin Chassin

Parti faire le djihad en Irak, identifié sur une vidéo de Daech, il meurt en kamikaze lors d'un attentat contre une caserne militaire près de la ville d'Haditha.

Peter Cherif

Il est l'un des terroristes français inscrits sur la liste noire établie par les Etats-Unis. Proche des Kouachi, membre de de la filière des Buttes-Chaumont, il pourrait avoir joué un rôle dans la planification des attentats de janvier 2015 à Paris. Il a gravi les échelons au sein d'Al-Qaïda dans la péninsule arabique (AQPA).Certaines sources le situent au Yémen où il a résidé pendant plusieurs années.D'autres supposent qu'il se trouve en Syrie.

Mohamed El-Ayouni

Blessé en 2004 en Irak, où il est parti faire le djihad contre les Américains, il perd un œil et un bras. En 2008, il est condamné à trois ans de prison dont 18 mois avec sursis au cours du procès de la filière des Buttes-Chaumont.

Thamer Bouchnak

Ami de Chérif Kouachi, il est intercepté avec lui en 2005 alors qu'ils sont en partance pour l'Irak où ils veulent combattre les troupes américaines. Après trois ans passés en prison, il sort en 2008 avant d'être à nouveau condamné pour avoir participé à la tentative d'évasion de Smaïn Ait Ali Belkacem.

Smaïn Ait Ali Belkacem

Artificier et poseur de bombe supposé lors des attentats de Paris en 1995, il purge une peine de prison à perpétuité. Amedy Coulibaly, Djamel Beghal et Thamer Bouchnak sont condamnés en 2010 pour avoir monté un plan pour son évasion.

Djamel Beghal

Condamné en 2005 pour un projet d'attentat contre l'ambassade des Etats-Unis à Paris, il rencontre Chérif Kouachi et Amedy Coulibaly en prison, où il aurait participé à leur radicalisation. Il est déchu de sa nationalité française en 2006.

Hayat Boumeddienne

Compagne d'Amedy Coulibaly, elle a fui pour la Syrie juste avant les attentats de janvier 2015 à Paris.

Mohamed Belhoucine

Avec son frère Mehdi, il est soupçonné d'avoir organisé en janvier 2015 la fuite d'Hayat Boumeddiene, compagne d'Amedy Coulibaly, vers la Turquie. En juillet 2014, il avait été condamné à deux ans de prison, dont un avec sursis, pour avoir animé des forums et des sites djihadistes. Sa détention provisoire couvrant sa peine, il n'était pas retourné en prison. Il aurait été tué lors de combats en Syrie.

Mehdi Belhoucine

Avec son frère Mohamed, il est soupçonné d'avoir organisé la fuite d'Hayat Boumeddiene, compagne d'Amedy Coulibaly, vers la Turquie. Il a d'ailleurs fait le voyage avec elle pour rejoindre la Syrie. Il serait mort après des blessures au combat.

Salim Benghalem

Radicalisé en prison après avoir été condamné dans une affaire de meurtre, il voyage au Yémen en 2011 avec Saïd Kouachi. Il part ensuite pour la Syrie. Combattant puis recruteur de Daech, il est sur la liste noire des djihadistes recherchés par les Etats-Unis. En janvier 2016, à Paris, il est condamné en son absence à quinze ans de prison pour avoir dirigé une filière de recrutement de djihadistes vers la Syrie.

Karl Douant

Jugé pour son implication dans la cellule de recrutement de candidats au djihad vers la Syrie depuis le Val-de-Marne, il a été condamné à six ans de prison en janvier 2016.

Abdelmalek Tanem

Soupçonné d'être parti faire le djihad en Syrie pour le compte du Front al-Nosra et de l'Etat islamique, ce Français de 24 ans est arrêté fin avril 2014 en Espagne, à Almeria. Il a été condamné à neuf ans de prison en janvier 2016.

Karim Hadjidj

Jugé pour son implication dans la cellule de recrutement de candidats au djihad vers la Syrie, codirigée par Salim Benghalem et Abdelmalek Tanem, il a été condamné à sept ans de prison en janvier 2016.

Paul M'Barga Kye

Jugé pour son implication dans la cellule de recrutement de candidats au djihad vers la Syrie depuis le Val-de-Marne, il a été condamné à six ans de prison en janvier 2016.

Younes Chanaa

Arrêté et mis en examen pour son implication dans une filière de recrutement de djihadistes pour la Syrie, il est jugé à Paris avec sept autres prévenus à partir de décembre 2015. En janvier 2016, il est condamné à six ans de prison.

Féhimé Aksoy

Il a été contrôlé le 1er janvier 2015 à la frontière turco-bulgare en compagnie de Fritz-Joly Joachin, Cheickhou Diakhaby et les Chanaa. Il n'a pas été arrêté.

Fritz-Joly Joachin

Français d'origine haïtienne, il est arrêté en Bulgarie alors qu'il tente de se rendre en Syrie avant d'être extradé vers la France en janvier 2015. Il est notamment soupçonné d'avoir eu des liens avec les frères Kouachi et Amedy Coulibaly.

Cheikhou Diakhaby

Ancien membre de la filière des Buttes-Chaumont, il tente de rejoindre la Syrie avec son épouse, Imané Chanaa, et Fritz Joly Joachin. Intercepté en Turquie, il est remis aux autorités françaises puis mis en examen.

Les réseaux en Belgique

Le réseau franco-belge

Il ne s'agit pas d'une filière à proprement parler. Mais les enquêtes sur les attentats de novembre 2015 à Paris et de mars 2016 à Bruxelles ont d'ores et déjà montré qu'un même réseau de djihadistes était à la manoeuvre. Au milieu de ce vaste réseau, dont François Hollande a annoncé en mars 2016 qu'il était «en passe d'être anéanti», on trouve notamment Salah Abdeslam et Najim Laachraoui, l'un des kamikazes de l'aéroport de Zaventem dont le rôle dans les attentats de Paris est considéré comme central par les enquêteurs. En toile de fond des deux attaques, figurent notamment la cellule de Verviers, démantelée en 2015, et l'ex-filière syrienne dirigée par

Khalid Zerkani, recruteur notamment d'Abaaoud, Laachraoui, ou encore Kriket.

Nicolas Moreau

Parti fin 2013 faire le djihad en Syrie, il est resté près d'un an dans les zones de combats avant de rentrer. Intercepté en Turquie, il est remis aux autorités françaises et mis en examen. Il aurait révélé des informations sur un projet d'attentat. Le 2 janvier 2017, il est condamné à dix ans de prison, assortis d'une période de sûreté des deux tiers.

Ayoub el-Khazzani

Le 21 août 2015, ce Marocain de 25 ans tente d'attaquer les voyageurs d'un train Thalys entre Amsterdam et Paris. Il est maîtrisé par des passagers. Passé par Molenbeek, il aurait été en contact avec Abdelhamid Abaaoud avant de passer à l'acte.

Bilal Chatra

Soupçonné d'avoir aidé Abaaoud et El Khazzani, auteur de l'attaque du Thalys en août 2015, à revenir en Europe par la route des migrants, au retour de Syrie, Bilal Chatra a été mis en examen en avril 2017.

Mohamed Bakkali

Arrêté le 26 novembre 2015 à Anderlecht (Belgique), il était à la base soupçonné d'avoir fourni une planque à Salah Abdeslam dans sa fuite après les attentats du 13 novembre 2015 à Paris. Pendant l'enquête, son rôle s'est avéré bien plus important qu'une simple participation logistique. La justice le soupçonne ainsi d'avoir organisé le rapatriement de tout le commando après l'attentat (faux-papiers, répartition dans les planques) et d'avoir finalement coordonné lui-même les attaques de Paris de Bruxelles. Mis en examen pour «participation à des attentats terroristes» et «activités d'un groupe terroriste» dans l'enquête sur le 13 novembre, il a également été mis en examen dans l'enquête sur l'attaque du Thalys, puisqu'il est suspecté d'avoir lui même armé et conduit l'assaillant à la gare.

Mohamed Abrini

Arrêté à Bruxelles début avril 2016, Mohamed Abrini est « l'homme au chapeau » des images de vidéosurveillance de l'aéroport de Zaventem, sur lesquelles on le voit en compagnie des deux kamikazes Ibrahim el-Bakraoui et Najim Laachraoui juste avant qu'ils n'explosent, le 22 mars 2016. Il pourrait avoir eu un rôle de logisticien dans ces attaques. Il était recherché par toutes les polices européennes depuis les attaques de Paris en novembre 2015. Il avait en effet été aperçu dans l'Oise en compagnie de Salah Abdeslam deux jours avant le 13 novembre. Il serait donc vraisemblablement impliqué dans les deux attaques, comme Laachraoui. L'homme était pourtant sous étroite surveillance depuis le mois de juillet 2015, date de son dernier séjour près de la frontière syrienne.

Zakaria Boufassil

Zakaria Boufassil,arrêté le 15 avril 2016 à l'aéroport de Gatwick, en Angleterre, avec quatre autres personnes, a été reconnu coupable en décembre 2016 par un tribunal britannique d'avoir aidé financièrement Mohammed Abrini, suspect-clé des attentats de Paris et de Bruxelles. Se réclamant du soufisme, une branche mystique de l'islam considérée comme hérétique par certains groupes radicaux, il avait nié les faits et déclaré lors du procès que, pour lui, les jihadistes du groupe Etat islamique étaient «pires que des animaux».

Soumaya Boufassil

Soumaya Boufassil, arrêté le 15 avril 2016 à Birmingham, dans le centre de l'Angleterre, avec quatre autres personnes, est soupçonné d'avoir organisé une collecte de fonds pour transmettre 3800 euros à Mohamed Abrini, inculpé pour les attentats de Bruxelles et Paris.

Mohammed Ali Ahmed

Mohammed Ali Ahmed, arrêté le 15 avril 2016 à Gatwick, en Angleterre, avec quatre autres personnes, est soupçonné d'avoir organisé une collecte de fonds pour transmettre 3800 euros à Mohamed Abrini, inculpé pour les attentats de Bruxelles et Paris. Il a plaidé coupable en novembre de la même année et été condamné.

Najim Laachraoui

Recherché dans l'enquête sur les attentats de Paris depuis décembre 2015 sous sa fausse identité de «Sofiane Kayal », Najim Laacharaoui, formellement identifié en mars 2016, est l'un des kamikazes qui s'est fait sauter à l'aéroport de Bruxelles le 22 mars. Il avait travaillé à Brussels Airport jusqu'à fin 2012, avant de partir en février 2013 pour la Syrie. Lors de sa mort, il était poursuivi dans l'un des procès de l'affaire Zerkani, pour laquelle il a finalement été condamné en mai 2016 à 5 ans de prison ferme, le tribunal n'ayant pas été officiellement avisé de son décès.

Mais au delà de la Belgique, l'homme est également soupçonné d'avoir joué le rôle d'artificier lors des attaques de Paris, puisque son ADN avait été retrouvé sur du matériel explosif utilisé le 13 novembre. Et c'est sous son faux nom qu'avait été louée près de Namur une maison utilisée pour préparer ces attentats. Contrôlé en compagnie d'Abdeslam et de Belkaïd à la frontière austro-hongroise en septembre 2015, il avait été repéré quelques jours après les attaques de Paris à Bruxelles, en compagnie de Belkaïd. Son ADN, enfin, avait également été retrouvé dans une planque de Schaerbeek utilisée après les attentats de Paris par Abdeslam.

Jawad Benhattal

Interpellé dans la nuit du 1è au 18 juin 2016. Lors d'un vaste coup de filet en Belgique, la police fédérale craignant une attaque imminente contre une fan-zone bruxelloise de l'Euro 2016, Jawad Benhattal, neveu des frères el Bakraoui et connaissance de Najim Laachraoui, les trois kamikazes de Bruxelles, a été interpellé puis inculpé pour « tentative d'assassinat dans un contexte terroriste et de participation aux activités d'un groupe terroriste, comme auteur ou co-auteur ».

Ahmad Alkhald

Ahmad Alhald, considéré comme l'artificier principale des attentats de Paris, est le seul membre du commando à avoir regagné la Syrie après l'attaque du 13 novembre. Ses empreintes ont été retrouvées sur la ceinture d'explosifs des deux frères Abdeslam. Il aurait également fourni des conseils à Najim Laachraoui, l'un des kamikazes de l'attaque de l'aéroport de Bruxelles en mars 2016.

Osama Krayem

Arrêté le 8 avril 2016 en même temps que le suspect clé des attentats de Paris et Bruxelles, Mohamed Abrini, Osama Krayem a reconnu être le suspect dit du «métro de Bruxelles» : il apparaissait sur les images de vidéosurveillance au côté de

Khalid el-Bakraoui dans la station de Molenbeek, juste avant que ce dernier ne se fasse exploser, le matin du 22 mars.

Selon son avocat, il aurait renoncéà se faire exploser mais les enquêteurs belges n'ont jamais remis la main sur sa bombe. Ce Suédois, fils de Syriens exilés à Malmö, s'était brutalement radicalisé ces dernières années, avant de partir faire le djihad en Syrie début 2015. Profitant des vagues de migrants, il serait rentrée en Europe via l'île grecque de Leros, où il est contrôlé le 20 septembre 2015 sous le nom de Naïm-Al-Hamed. Salah Abdeslam l'aurait récupéré à Ulm le 3 octobre, en même temps qu'Amine Choukri, plus connu sous le nom de Sofiane Ayari.

Brahim Abdeslam

Originaire du quartier de Molenbeek à Bruxelles, radicalisé avec son frère Salah, il est l'un des auteurs des fusillades meurtrières commises contre des terrasses de cafés parisiens le 13 novembre 2015. Il meurt en se faisant exploser dans un des bars, le Comptoir Voltaire.

Ahmed Dahmani

Arrêté dans une station balnéaire d'Antalya (Turquie), où il est arrivé le 14 novembre 2015 en provenance d'Amsterdam, il est soupçonné d'avoir participé aux repérages des cibles des attentats de novembre 2015 à Paris.

Mohamed Belkaïd

Cet Algérien de 35 ans,en séjour illégal en Belgique, a été abattu le 15 mars 2016 à Bruxelles,dans une «cache» que la police était venue perquisitionner dans le cadre de l' enquête sur les attentats de Paris.Complice de Salah Abdeslam, c'est lui, sous le faux nom de Samir Bouzid, qui a fait un virement de 750 euros quatre jours après les attentats à Hasna Ait Boulahcen, cousine d' Abdelamid Abaaoud, instigateur présumé des attaques. Repéré sur des images de vidéosurveillance dans une agence Western Union de Bruxelles, il était recherché depuis le 4 décembre dernier, avec Najim Laachraoui, futur kamikaze des attentats de Bruxelles. Laachraoui, Belkaïd et Abdeslam avaient tout trois été contrôlés en septembre 2015 à la frontière entre l' Autriche et la Hongrie.

Sofiane Ayari

Il est l'une des 4 personnes interpellées avec Salah Abdeslam le 18 mars 2016 à Bruxelles. Ses papiers d 'identité, et notamment un faux passeport syrien au nom de Mounir Ahmed Alaaj, avaient été retrouvés trois jours plus tôt lors de la perquisition d'une autre planque liée à Abdeslam, dans le quartier de Forest. Ses empreintes avaient également été relevées lors d'une perquisition dans une cache à Auvelais, en Belgique, en novembre.

Amine Choukri avait déjà été contrôlé avec Abdeslam à Ulm, en Allemagne, le 3 octobre 2015, un mois avant les attentats. On ignore pour l'heure son niveau d'implication dans les attentats de novembre 2015. Il serait arrivé en Belgique via la route des migrants, par l'île grecque de Leros, où son passage a été enregistré mi-septembre. Abaaoud et deux kamikazes du Stade de France avaient aussi pris cette route.

Hasna Aït Boulahcen

Cousine d'Abdelhamid Abaaoud, elle a aidé celui-ci après les attentats de novembre 2015 en couvrant sa fuite puis en lui trouvant un logement. Elle est tuée avec lui lors d'un assaut du Raid contre un appartement à Saint-Denis.

Abdoullah Courkzine

Cet homme a été inculpé suite aux attentats de Paris en novembre 2015. Il a eu plusieurs échanges téléphoniques avec Hasna Aït Boulahcen entre les attaques du 13 novembre et l'assaut de Saint-Denis, cinq jours plus tard. Dans l'attente d'un jugement, il reste présumé innocent.

Mohamed Soumah

Mohamed Soumah, 25 ans, a été mis en examen et écroué en France dans le dossier des attentats de Paris. C'est lui qui aurait mis en relation Hasna Aït Boulahcen – en quête d'une planque pour son cousin Abdelhamid Abaaoud – et Jawad Bendaoud, qui a loué à ce dernier l'appartement de Saint-Denis. Il a été par ailleurs condamné à deux ans de prison ferme en janvier 2017 pour son implication dans un trafic de stupéfiants dans lequel Bendaoud était également impliqué.

Reda Hame

Le 11 août 2015, il est interpellé à son retour de Syrie. Il explique aux enquêteurs qu'il a été invité à commettre un attentat en France, par exemple une salle de spectacle, par Abou Omar, qui n'est autre qu'Abdelhamid Abaaoud. Dans l'attente d'un jugement, il reste présumé innocent.

Hamza Attou

Dans la nuit du 13 au 14 novembre 2015, il est allé chercher Salah Abdeslam dans la capitale française en compagnie de

Mohamed Amri. Il a ensuite été interpellé par les autorités belges. Dans l'attente d'un jugement, il reste présumé innocent.

Mohamed Amri

Dans la nuit du 13 au 14 novembre 2015, il est allé chercher Salah Abdeslam dans la capitale française en compagnie de Hamza Attou. Il a ensuite été interpellé par les autorités belges. Il a été remis le 6 juillet à la France.

Abou Shaheed

Figure de la communauté djihadiste francophone, Abou Shaheed, né et élevé en France, s'est probablement radicalisé au sein de la communauté salafiste de Bruxelles, où il a résidé. Arrivé en Syrie en mai 2013, il a immédiatement rejoint l'EI, qui a annoncé sa mort au combat en mai 2014.

Lazez Abraimi

Arrêté en Belgique une semaine après les attentats de novembre 2015 à Paris, il est soupçonné d'avoir convoyé et caché Salah Abdeslam, une fois celui-ci rentré en Belgique. Abraimi a été mis en examen pour «participation à des attentats terroristes» et «activités d'un groupe terroriste». Dans l'attente d'un jugement, il reste présumé innocent.

Ali Oulkadi

Arrêté le 22 novembre 2015 en Belgique, il est le meilleur ami de Brahim Abdeslam avec qui il a eu plus d'une centaine de contacts dans les deux mois précédant les attentats de novembre 2015 à Paris. Il est soupçonné d'avoir aidé le frère de celui-ci, Salah, dans sa fuite après les attaques. Le 14 novembre, il l'a déposé à un terminal de tramway. Il a été remis le 6 juillet à la France. Dans l'attente d'un jugement, il reste présumé innocent.

Pierre Ndjeka

Arrêté le 29 novembre 2015 à Molenbeek, il est soupçonné d'être impliqué dans une filière de recrutement de djihadistes pour la Syrie. C'est un proche de Bilal Hadfi. Dans l'attente d'un jugement, il reste présumé innocent.

Molenbeek- Brussels

Molenbeek. C'est déjà là, dans ce dédale de ruelles grises, qu'avait logé en son temps Mehdi Nemmouche, le tueur du musée juif de Bruxelles. Là aussi que l'islamisme radical belge a établi, dès les années 90, une importante base arrière. Il est désormais établi que certains des terroristes qui ont frappé Paris sont issus de cette commune.

Molenbeek. Aux balcons des fenêtres, du linge étendu, sèche dans la douceur d'automne, seul signe de vie, perdu, au milieu des façades grises, anonymes.

Derrière l'une d'entre elles, dans une «chambre» sans «charme ni confort» a discrètement logé, au printemps 2014, un jeune français de 29 ans, accusé d'être l'auteur de la tuerie du musée juif de Bruxelles qui a couté la vie à quatre personnes, le 24 mai 2014. De Molenbeek, Mehdi Nemmouche n'a eu à parcourir que quelques kilomètres pour se rendre au Musée juif.

A peine plus d'une heure de route le sépare également de Tourcoing, dans le Nord de la France, où il a grandi. Ce n'est pourtant qu'à son retour de Syrie que le jeune homme échoue à

Bruxelles. D'autres avant lui ont emprunté le même chemin. Comme cette quinzaine de jeunes, originaires de Molenbeek, partis combattre, début 2013, en Syrie.

Les registres communaux ne comptent qu'une dizaine de radiations effectives ou en cours. «La rumeur bruxelloise» elle, est plus «loquace», confie l'humanitaire belge Bahar Kimyongür. «Il suffit de tendre l'oreille de temps en temps et de suivre certaines conversations pour se rendre compte que la Syrie est devenue omniprésente. »

Rien qu'à Bruxelles, 54 jeunes auraient en effet pris le départ pour Alep, Idlib ou encore Raqqa. Quarante-six jeunes pour la ville Anvers. A elles deux, les deux communes représentent presque un tiers des départs officiellement recensés par les autorités. Près de 350 au total. Six fois plus de départs qu'en France, en proportion, si l'on ramène leur nombre à la population totale. A Molenbeek, souvent dépeint comme un «hameau djihadiste», la question agite depuis longtemps ses habitants.

Si les exemples de jeunes ayant succomber à l'appel du djihad se succèdent, la mère d'un jeune molenbeekois parti lui aussi récemment en Syrie ne semble se reconnaître dans aucun d'entre eux. Ses yeux brillent à l'évocation de son fils. « On culpabilise, on se demande qu'est-ce qu'on a manqué ? » s'interroge-t-elle avant de revenir sur une poignée de souvenirs. « Tout est allé si vite... Il s'est laissé pousser la barbe...Puis il a enlevé tous les bibelots de la maison, a décroché les tableaux...Et un jour il est parti...». «On a perdu le sommeil» conclut une autre mère, qui retarde l'heure du coucher comme pour différer celle du réveil.

Aucune d'entre elles ne souhaite dévoiler son identité pour nous parler car de «là-bas, ils (leur fils, ndlr), voient tout» et les accusent : « C'est de votre faute si on va en prison, vous qui parlez» leur font-ils savoir. Mais pour les mères, contraintes de prendre un nom d'emprunt pour s'exprimer en public, « c'est un problème de ne pas pouvoir parler». Restées en contact régulier avec leurs enfants, auxquels elles demandent «une petite bulle (comprendre : un message; ndlr) par jour», leurs cœurs s'accélèrent depuis la multiplication des frappes de la coalition emmenée par les Etats-Unis.

Accoutumés à la réputation sulfureuse qui leur colle à la peau, les riverains ont toutefois été surpris, à la fin mars, d'apprendre le jeune âge de Younes, emmené par son grand frère Abdelhawid, 27 ans, en Syrie. Il n'a en effet que 13 ans à l'époque mais s'affiche déjà, sur les photos, une kalachnikov presque aussi grande que lui à la main.

Molenbeek avait déjà connu de violents affrontements deux ans plus tôt suite au contrôle d'une jeune convertie, Stéphanie, ayant refusé d'ôter son voile intégral, également interdit en Belgique. «Prise de panique je pensais que j'allais mourir là» déclarait-t-elle lors d'une improbable conférence de presse organisée par le leader de Sharia4Belgium, Fouad Belkacem, 32 ans. Stéphanie ne serait autre que l'épouse de l'un des membres de ce groupuscule qui militait, avant d'être dissous, pour l'instauration d'un califat en Belgique. En représailles du contrôle de police, Fouad Belkacem aurait lui même demandé à ses recrues d'attaquer le commissariat de Molenbeek.

Rachid Haddach

A la Sûreté d'Etat belge, les «départs sur zone», en Syrie, sont pourtant minutieusement scrutés. Mais des voix s'élèvent, ici ou là, pour critiquer les autorités. D'autant qu'un islam rigoriste, d'inspiration wahabite, très prisée en Arabie saoudite, s'est installé dans le pays et est abondamment relayé depuis plusieurs décennies via, entre autres, le Centre islamique et culturel de Bruxelles, le CICB, placé depuis toujours sous la coupe des Saoudiens.

Les «six principes intangibles» du wahabbisme y sont-ils véhiculés? Ainsi, arrivent en bonne place le «monothéisme absolu (tawhid), l'interdiction des innovations impies (bid'a), la loyauté à l'égard de "l'islam pur" et la dissociation avec tout ce qui n'est pas musulman ou musulman conforme, comme les soufis ou les chiites». Juste derrière cependant : «l'excommunication des mécréants et des musulmans déviants (takfir)» et «le combat armé (djihad)».

«Haram, je te dis ! Haram ! Des lignes noires sous les yeux, les sourcils épilés ou – pire encore, qu'Allah me protège – du rouge à lèvres !» La voix se tait. Quelques jeunes filles semblent en colère, d'autres ont mis leurs écouteurs sur leurs oreilles. «Chères sœurs, tout ceci, c'est haram », continue la voix. « Et tant que nous sommes occupés avec l'apparence physique : vous, mes frères, portez des pantalons qui tombent par-dessus vos chevilles. C'est ce que le prophète recommande. Et laissez pousser votre barbe.»

Rachid Haddach – la voix – toussote et continue. «Il y en a qui font la fête jusqu'au matin. Mes frères et sœurs, ça aussi, c'est haram. Il y a des hommes et des femmes qui dansent à des fêtes de mariage, souvent pendant toute la nuit ! Ceux-là vont devoir un jour rendre des comptes.»

Rachid Haddach est un des prédicateurs salafistes les plus populaires à Bruxelles. Il donne à la mosquée Assouna à Anderlecht, une conférence sur le thème «mes actions dans la balance », en d'autres mots : ce que vous faites ici sur terre aura un impact sur votre vie dans l'au-delà.

Son public est séparé en deux groupes : les hommes sont assis à l'avant, devant lui, sur le sol de la mosquée. Les femmes sont en haut, dans une petite salle à part au premier étage. Ils sont tous suspendus à ses lèvres.

Haddach les appelle «mes sœurs et mes frères», comme il convient de le faire dans une mosquée qui se respecte. Les «frères» sont, en ce vendredi soir, quelques centaines. Des jeunes gens costauds en costume de rue, avec des sneakers et des casquettes de base-ball. Des adolescents boutonneux avec des kufis et des tuniques longues. Des jeunes avec des longues barbes, des cheveux coupés très court et, comme le prescrit le salafisme, avec des pantalons qui recouvrent leurs chevilles.

Du côté des «sœurs», il n'y a que quelques dizaines de jeunes filles et jeunes femmes. Leurs cheveux sont recouverts d'un hijab de couleur foncée, et elles sont revêtues d'un long manteau. Ou encore, elles portent un jilbab, une robe longue et ample. D'autres encore portent une abaya, un tissu noir qui ne laisse que le visage et les mains libres.

Les femmes ne peuvent pas voir Haddach, mais seulement l'écouter via les haut-parleurs installés dans la petite pièce. Les «harams» (ce qui est interdit) et les «halals» (ce qui est autorisé) ponctuent son prêche. Porter le voile ? «Halal !, allez-y mes sœurs. Vous ne le regretterez jamais. Les femmes qui travaillent à l'extérieur ? Uniquement si on peut travailler voilée. Sinon, haram ! « Participer à des matches de boxe ? Haram, mes frères. Allah ne veut pas que vous détruisiez votre corps. Vous voyez à quoi ressemble Mohamed Ali ?»

Le public ricane. Les boutades font partie du style de Rachid Haddach. Il parle à son public comme s'il était à un talk-show. « Et toi, mon frère, as-tu pensé à ce qui t'attend dans l'au-delà?», interroge-t-il. Et à quelqu'un d'autre : « Restes-tu parfois seul avec une fille ? Haram ! Pense aux conséquences. Pense à son honneur.»

Les filles chuchotent entre elles, s'échangent des messages. Une femme s'agenouille, en prières. Un peu plus loin, une autre a pris son gamin avec elle. L'enfant se promène, encore instable sur ses petites jambes, il gazouille pour attirer l'attention. L'atmosphère est amicale, presque familiale. Il ne manque que le thé à la menthe et les petits gâteaux. Mais juste au moment où l'ambiance risque de devenir trop agréable, la voix de Rachid Haddach est de retour.

«La religion, ce n'est pas un snack-bar », retentissent les haut-parleurs. « Pour moi, ce sera un dürüm, avec des frites et de la mayonnaise, s'il vous plaît. Et avec des oignons frits. Finalement non. Non, des oignons, mais pas frits. » Rires dans la petite salle. « Non, frères et sœurs, ce n'est pas le but, continue le prédicateur. La religion, c'est quelque chose de beau, mais ce qu'on voit parfois dans la rue, c'est un micmac. Chacun fait ce qu'il veut. Il faut du sérieux. Nous ne sommes pas dans un MacDo.»

Rachid Haddach fait partie du petit club de prédicateurs salafistes qui prêchent chaque semaine quelque part à Bruxelles. Ils ont été formés au Centre islamique et culturel (à la Grande mosquée) au parc du Cinquantenaire. Ils ont suivi des études religieuses en Arabie saoudite et peuvent réciter le Coran par cœur.

D'après sa page Facebook, il a 42 ans, il est marié, et a cinq enfants. Haddach se présente comme un «professeur» et son

CV indique qu'après ses études secondaires, il a suivi une série de formations théologiques dans des mosquées en Belgique et à Riyad. Pendant ses conférences, il parle avec beaucoup d'aisance, son ton est un peu celui d'un père qui fait des remontrances à ses enfants. « Respectez vos parents ! » (...) « Soyez bon avec votre épouse ! » (...) « Rendez visite aux malades et aux mourants !» Des conseils auxquels personne ne trouve rien à redire.

Mais si on écoute bien, on peut percevoir à quel point son discours est radical. Il explique qu'au lieu d'aller à l'école maternelle, les enfants doivent rester à la maison jusqu'à l'âge de six ans. Et par là, il suggère que les femmes aussi doivent rester à la maison pour les garder, et que les enfants doivent rester le plus longtemps possible dans un environnement musulman. Sur internet, on trouve des films où il donne son avis sur la musique. « Vous feriez mieux de lire le Coran. Si le prophète était en faveur de la musique, il en aurait profité à son époque.»

Il donne l'exemple du rappeur américain Loon, qui s'est converti à l'islam, et qui était à Bruxelles il y a peu. « Loon a dit que la musique vous faisait entrer dans un autre monde, avec des femmes, un monde où on pousse les gens à danser, à faire certains gestes qui ont une connotation sexuelle. »

Détail piquant: Loon, qui s'appelle désormais Amir Junaid Muhadith, est actuellement en prison à Bruxelles pour des faits de drogue, et attend son extradition pour les Etats-Unis. Mais ça, Haddach n'en dit pas un mot.

Pour Haddach, on en revient à la même chose : rappeler les hommes et les femmes à leur devoir. Les femmes doivent se couvrir la tête, et les hommes doivent se laisser pousser la barbe. Ça aussi, c'est le prophète qui le recommande. Et non, on ne peut pas tailler sa barbe. En témoigne sa barbe impressionnante, dans laquelle il trifouille de temps en temps.

Aucune preuve ne permet à ce jour d'incriminer les responsables du Centre islamique et culturel de Bruxelles mais leurs prêches posent toutefois quelques questions. Pourquoi Abdelkader Merah, connu pour défendre des positions aussi radicales que celles de son frère, Mohamed Merah, auteur des attentats de Toulouse (Mars 2012), a-t-il assisté, selon une note des renseignements français, le 14 janvier 2007, à l'écart du centre-ville toulousain, à une conférence de Rachid Haddach, célèbre prédicateur lié au CICB de Bruxelles et débarqué la veille à l'aéroport de Carcassonne ?

Si tous les salafistes ne prônent pas le djihad, certains de leurs conseils mettent néanmoins à mal la cohésion sociale. Si on écoute bien, on peut percevoir à quel point (le discours de Rachid Haddach) est radical. «Au lieu d'aller à l'école maternelle», conseille-t-il par exemple "les enfants doivent rester à la maison jusqu'à l'âge de six ans". Rien d'illégal, l'école maternelle n'est pas obligatoire en Belgique même si elle est fréquentée par la quasi-totalité des enfants. Mais Rachid Haddach ne cesse de frôler la ligne jaune. Il le sait, il est surveillé. De près.

D'autres sont moins prudents. Anvers, par exemple, accueille une succursale unique en son genre : l'institut yéménite Dar El Hadith qui prône de curieux enseignements, notamment inspirés par Rabiem El Metkhali, adepte fervent de la lapidation.

Sharia4Belgium

L'objectif de Sharia4Belgium était la destruction de la démocratie et la mise en place d'un Etat islamique. Pour parvenir à ses fins, Sharia4Belgium se concentrait sur cinq activités:

-diffusion de l'idéologie via internet et les réseaux sociaux,

-recrutement de jeunes musulmans via des prêches de rue,

-endoctrinement de ceux-ci lors d'entraînements idéologiques et physiques

-actions violentes en Belgique

-lutte armée en Syrie

C'est également à Anvers que Sharia4Belgium avait en son temps installé son QG et ses «street dawah », des rencontres à travers lesquelles le groupe abordait, dans la rue, ses futures oies. De là, Sharia4Belgium avait établi des liens à l'international, aux Pays-Bas mais aussi au Royaume-Uni, où elle était en contact avec Anjem Choudary, le leader des Al Muhajiroun, organisation dissoute en 2011 par les lois antiterroriste votées après les attentats de Londres.

En Belgique, la plupart des jeunes partis en Syrie sont d'ailleurs flamands, originaires de Vilvorde, Malines mais surtout donc d'Anvers où le Vlaams Belang d'extrême droite a réalisé, dans les années 2000 ses meilleurs scores, avant d'être laminée par les indépendantistes du NVA de Bart de Wever, le nouveau bourgmestre (maire) d'Anvers.

Les jeunes n'ont plus besoin de la mosquée. Ils n'ont pas un comportement religieux de longue date. A ceux qui partent faire le djihad, à tous ces adolescents en perte de repères ou d'idéaux, au chômage pour certains, Bahar Kimyongür ajoute ce qu'il appelle la «majorité silencieuse», ceux qui se comptent par plusieurs dizaines et dont on ne parle jamais. «Ne sous estimons pas l'impact, la sympathie que soulève l'Etat islamique dans les rues européennes. Il y a une banalisation totale des symboles, du discours, et de ce principe insupportable qu'il faut haïr par amour de dieu ».

Ces activités étaient planifiées depuis un appartement d'Anvers qui servait de quartier général à Sharia4Belgium. Cinq sessions idéologiques ou physiques y étaient organisées chaque semaine. La participation aux réunions, qui comprenaient également des entraînements au combat, était obligatoire pour les membres sous peine de sanctions. Les jeunes y apprenaient les principes du salafisme.

Les leaders et membres de Sharia4Belgium qui ont rallié la Syrie pour y combattre ont rejoint des groupes salafistes inspirés d'Al-Qaïda tels que le front Al-Nosra et Majlis Shura. La Syrie constitue l'endroit idéal pour mettre en place un Etat islamique, selon ces organisations, tant géographiquement qu'en raison de l'instabilité politique qui y règne.

Lorsque les recrues étaient suffisamment imprégnées du discours idéologique, elles commençaient à prendre part à des actions violentes, selon le ministère public. En mars 2010, le groupuscule se fit pour la première fois remarquer en perturbant une lecture de l'auteur néerlandais Benno Barnard à l'université d'Anvers. D'autres faits suivirent, tels que des affrontements avec la police à la suite d'un prêche de rue en décembre 2011, l'incident lié au contrôle d'identité d'une femme portant le niqab à Molenbeek en mai 2012 ou encore l'action de protestation contre le film "L'innocence des musulmans", en septembre 2012 à Anvers.

A partir d'août 2012, l'ensemble des leaders et la plupart des membres du noyau dur du groupuscule - à l'exception de Fouad Belkacem - sont partis combattre en Syrie.

Majlis Shura

Le groupuscule Majlis Shura, qui ne rassemblait que quelques combattants, s'est développé au point de compter plusieurs centaines de membres à la mi-2013. Son quartier général se trouvait à Kafr Hamra, où les hommes étaient répartis entre le "palais" et la "villa". Le prévenu Houssien E., qui serait entre-temps décédé, était l'"émir" de la villa. Il devait notamment approuver l'intégration des nouveaux combattants.

Parmi les activités du groupe figuraient des entraînements religieux et physiques, des missions armées contre les militaires gouvernementaux du président al-Assad, des missions de surveillance ou de logistique, mais aussi des enlèvements et des meurtres de mécréants. Majlis Shura a intégré l'Etat islamique à la mi-2013. Des combattants étrangers ont également rejoint le front Al-Nosra, un groupe terroriste similaire.

Le procès en 2014

Fouad Belkacem est à l'origine de l'organisation en 2010 et a commencé, avec Feisal Y. (31 ans), Nabil K. (23 ans), Brahim B. (28 ans) et Hicham C. (32 ans), à recruter des jeunes en les abordant en rue via des "Street Dawah" et des prédications en rue. Les personnes recrutées par l'organisation recevaient un endoctrinement religieux et idéologique, participaient à des actions de protestation et ont également été, dans une phase ultérieure, envoyer en Syrie pour combattre.

Fouad Belkacem en était l'incontestable numéro 1, il en était le fondateur, le porte-parole, le prédicateur et la personne de contact pour les groupes étrangers similaires. Fouad Belkacem avait une fonction de leader dans chaque activité du groupe. Il en diffusait l'idéologie salafiste, recrutait les membres et s'occupait de leur endoctrinement. Les prévenus Jejoen Bontinck, Elias T. et Walid L. ont notamment raconté comment ils avaient été inspirés par sa manière de prêcher et déclaré qu'ils le considéraient comme un père spirituel.

Il était également à la base des actions violentes. Il avait ainsi mobilisé par téléphone ses jeunes recrues afin qu'elles aillent attaquer le commissariat de Molenbeek (Bruxelles) après l'incident du niqab, le 31 mai 2012. Le ministère public considère qu'il a incité à la haine et à la violence et que les départs massifs vers la Syrie en sont le résultat.

D'autres prévenus ont décrit Fouad Belkacem comme le leader incontestable du groupuscule. Celui-ci avait reconnu lors de l'enquête qu'il avait fondé Sharia4Belgium, mais a nié toute violence ou entraînement au combat. Il considère les vidéos appelant au djihad comme de la pure théologie et de la simple provocation, et dément avoir enrôlé des personnes en vue de les envoyer en Syrie.

La cellule de Verviers

Tout part d'une «cellule souche», Verviers, et de son créateur, Abdelhamid Abaaoud. Un réseau en partie détruit par la police belge, le 15 janvier 2015, qui renaîtra quelques mois plus tard pour frapper Paris en son cœur, puis Bruxelles. Une Hydre de Lerne djihadiste, dont les membres se régénèrent pour préparer l'attaque suivante. L'Etat islamique l'a froidement calculé: un kamikaze ne sert qu'une fois. Le logisticien d'un attentat est le martyre en puissance de sa réplique.

Une semaine après la tuerie du 7 janvier 2015 dans les locaux de Charlie Hebdo, la Belgique découvre, stupéfaite, qu'un projet terroriste se prépare sur son sol. Le 15 janvier à la nuit tombante, la police belge lance l'assaut contre une maison de Verviers, où conspirent trois djihadistes de retour de Syrie. Des écoutes téléphoniques ont révélé que la cellule s'apprêtait à commettre des attentats le lendemain à Bruxelles.

L'assaut est d'une rare violence. Deux suspects sont tués, un troisième arrêté. Deux jours plus tard, dans un appartement d'Athènes, la police grecque interpelle Omar Damache, un Algérien soupçonné d'avoir aidé Abdelhamid Abaaoud – futur animateur des attentats du 13 novembre – à superviser ce projet terroriste.

Dans l'appartement, les enquêteurs mettent la main sur l'ordinateur d'Abaaoud, dont certaines données semblent, déjà, préfigurer les attentats de Bruxelles. Sur le disque dur: des notes représentant des plans d'attaque dans un aéroport. Abaaoud se vantera quelques mois plus tard, dans le magazine de propagande de l'EI Dabiq, d'avoir échappé au coup de filet de Verviers. Il passera les mois suivant à mettre sur pied son nouveau projet: les attentats simultanés de Paris.

Multipliant les voyages entre la Syrie et la Grèce, ce cadre de l'EMNI – l'organe de sécurité intérieure de l'EI – va s'atteler à reconstituer une nouvelle cellule autour d'un noyau de copains de quartier, originaires comme lui de Molenbeek. A cette colonne vertébrale s'agrègent quelques Français – Salah Abdeslam, qui a aussi grandi à Molenbeek, et les trois kamikazes du Bataclan – ainsi que des combattants étrangers recrutés en Syrie.

Plusieurs membres de ce réseau ont accosté sur l'île grecque de Leros à l'automne 2015 en se mêlant au flux de migrants avec de faux passeports syriens. C'est le cas des deux kamikazes irakiens du Stade de France, et de deux suspects des attentats de Bruxelles : Sofiane Ayari, alias Mounir Ahmed Alaaj, interpellé le 18 mars, et l'homme avec qui il est arrivé en Grèce, Naim Al-Hamed, dont on ignore la véritable identité, toujours recherché.

D'autres, comme Najim Laachraoui et Mohamed Belkaid – qui ont coordonné les attaques de Paris par téléphone depuis Bruxelles – voyagent sous de fausses identités belges, ce qui ralentira considérablement leur identification. Durant les mois qui précèdent les attaques, la nouvelle équipe d'Abaaoud traverse ainsi l'Europe – certains seront contrôlés en Grèce, en Hongrie, en Autriche ou en Allemagne – sans être démasquée.

Abdelhamid Abaaoud a réussi à reconstituer un réseau de logisticiens et de candidats au martyre. Le soir du 13 novembre, sept kamikazes se font exploser à Paris. Le huitième – dont l'existence sera révélée le lendemain par un communiqué de l'EI – n'a jamais actionné sa ceinture: il s'agit vraisemblablement de Salah Abdeslam. Abdelhamid Abaaoud et Chakib Akrouh, qui ont participé au massacre des terrasses, trouveront la mort cinq jours plus tard lors d'un assaut du RAID contre un appartement de Saint-Denis.

Des dix terroristes présents à Paris la nuit du 13 novembre, neuf sont morts. Mais les enquêteurs découvrent rapidement qu'ils ont bénéficié de nombreuses complicités: l'Algérien Mohamed Belkaid et le Belge Najim Laachraoui – que les policiers ne connaissent alors que sous leurs identités d'emprunt – ont coordonné les attaques à distance. D'autres, comme Khalid El Bakraoui, ont loué des appartements ayant servi de planques aux commandos.

Ce qui frappe dans la dynamique de cette cellule reconstituée sur les cendres de Verviers, c'est sa plasticité. Elle se joue autant des frontières que des rôles assignés. Tandis que les enquêteurs traquent les personnages secondaires des attentats de Paris – Mohamed Belkaid, Najim Laachraoui et Khalid El Bakraoui –, ces derniers mettent sur pied leur propre opération martyre.

Mohamed Belkaid a, lui, été tué quelques jours plus tôt lors d'une opération de police contre une planque du quartier de Forest. Salah Abdeslam et Sofiane Ayari, longtemps connu des enquêteurs sous l'identité d'emprunt de Mounir Ahmed Alaaj, sont parvenus à s'enfuir. Ils seront interpellés le 18 mars à Molenbeek. Les enquêteurs soupçonnent que les trois hommes constituaient un troisième commando censé frapper Bruxelles le 22 mars.

Khalid Zerkani

«Khalid Zerkani, 42 ans, est le plus grand recruteur de candidats au djihad de Belgique", a tenu à rappeler dans son réquisitoire, le procureur fédéral Bernard Michel, lors du procès en appel de ce prédicateur de rue.

"Monsieur Zerkani a perverti toute une jeunesse du quartier de Molenbeek-Saint-Jean", a ajouté le magistrat. Un radical qui a vanté les mérites du djihad sans jamais lui-même se rendre sur les champs de bataille.

Il aurait déclaré aux policiers: «J'ai été envoyé en Belgique par Allah pour accomplir une mission particulière." Selon le magistrat, l'influence de Zerkani serait bien supérieure à celle de Fouad Belkacem, le leader de Sharia4Belgium, groupe islamiste radical ayant régulièrement défrayé la chronique, aujourd'hui en prison. On reproche à Zerkani d'avoir incité à partir pour la Syrie près d'une vingtaine de ses connaissances. Mais son nom revient également dans plusieurs autres dossiers. Ce sont ces candidats au départ vers la Syrie qui lui ont donné ce surnom de "Père Noël".

Fournissant logistique et contacts de passeurs, cet homme, né au Maroc et placé en détention provisoire depuis février 2014, aurait également aidé financièrement plusieurs djihadistes sur le départ en leur remettant des sommes d'argent provenant de divers vols qu'ils encourageaient ses disciples à commettre au préjudice "des mécréants".

Fatima Aberkan

Visage rond ceint dans un voile violet, mère de sept enfants, grand-mère, touchant une pension invalidité en raison de ses problèmes d'asthme, Fatima Aberkan, 55 ans, ne correspond pas vraiment à l'image d'une "égérie exaltée de l'idéologie djihadiste" telle qu'on peut se la représenter.

Lors de l'audience, elle plaisante avec l'illustrateur judiciaire lui demandant de ne pas la caricaturer, distribue des bonbons et des mouchoirs en papiers à ses avocats. "Combien de fois avez-vous été mariée, quatre fois?", lui demande le président. "Trois fois, ça suffit", lui répond-elle en souriant.

En 2013, Fatima Aberkan a rejoint la Syrie accompagnée de ses deux filles âgées de 14 et 16 ans. Deux de ses fils étaient déjà sur place, Yassine Lachiri et Abdelmouneim Lachiri, émir d'un groupe de combattants franco-belges qui trouvera la mort en janvier 2014. Un troisième les rejoindra, Soufiane Alilou, considéré comme un des dirigeants de la filière Zerkani. "Elle a le djihad dans la peau", lancera à son propos le procureur fédéral.

Elle a beaucoup sacrifié pour cette cause, jusqu'à l'un de ses fils. Depuis des années, elle a contaminé son entourage avec ses idées nauséabondes et nocives."

En juillet 2015, reconnu comme étant le chef de file de cette filière d'acheminement de combattants, Khalid Zerkani avait été condamné à 12 ans de prison lors d'un procès fleuve au cours duquel 32 prévenus étaient poursuivis. Une grande partie d'entre eux, combattant en Syrie ou décédés, avait été condamnée par défaut. De son côté, Fatima Aberkan avait écopé d'une peine de huit ans de prison. Tous les deux avaient décidé de faire appel de la décision.

Mais depuis le 13 novembre, la filière Zerkani a pris une toute autre dimension. Deux des terroristes des attaques parisiennes évoluaient dans son orbite : Abdelhamid Abaaoud et Chakib Akrouh. Arrêté au Maroc dans le cadre de l'enquête sur les attentats, Gelel Attar fut l'un des lieutenants de Zerkani, qu'il hébergea à son domicile. C'est en compagnie de Chakib Akrouh qu'Attar gagnera la Syrie en janvier 2013 via la Turquie. Et c'est l'un des fils de Fatima Aberkan qui emmènera le kamikaze de Saint-Denis prendre son avion, ce jour-là.

Lors de procès, Khalid Zerkani, très prolixe, a bien tenté de nier les faits qui lui sont reprochés. S'exprimant avec l'aide d'une traductrice en arabe mais semblant très bien comprendre les remarques en français du président, il s'est présenté comme un simple croyant, sans lien avec l'idéologie djihadiste. "Je suis une personne pacifiste", a-t-il déclaré. Selon lui, sur les PV d'audition, figureraient des propos qu'il conteste avoir tenus.

Des dénégations qui semblent avoir laissé les magistrats perplexes. Dans son réquisitoire, le procureur fédéral a rappelé la genèse du dossier. Celui-ci débute en avril 2012 par une note de la Sûreté nationale : des personnalités proches de la mouvance radicale se réuniraient dans un appartement de Molenbeek. Lors de ces réunions, les protagonistes vomiraient la démocratie honnie, parleraient de djihad armé, se renseigneraient sur l'achat d'armes et d'explosifs. Des observations plus poussées sont alors menées.

Au cours des investigations, une figure attire l'attention des policiers : Khalid Zerkani. Un halo de mystère entoure ce personnage. Sans activité, sans revenu, vivant chez les uns et les autres, l'homme s'entoure d'un luxe de prudence et de discrétion : il communique en empruntant le téléphone de tiers et en langage codé, n'envoie jamais de SMS, semble avoir appris à déjouer les filatures. Plus tard, les policiers le soupçonneront d'avoir suivi une formation spéciale au Pakistan.

Abordant des jeunes à la sortie des mosquées ou dans la rue, Khalid Zerkani semble exercer une réelle emprise, un ascendant lié à l'âge, sur beaucoup d'entre eux, notamment les plus jeunes qu'il coupe petit à petit de leur environnement familial. Bernard Michel rappelait que sur certaines photos prises dans la rue, on retrouve le recruteur entouré d'une quinzaine de jeunes. Le procureur considère : «Il a joué un rôle dans la radicalisation et l'acheminement de ces jeunes en Syrie." "Chaque fois qu'il a été logé chez quelqu'un, le propriétaire est parti en Somalie ou en Syrie", notait le magistrat, preuve selon lui, de son influence. Un autre de ses "disciples" affirmera avoir été incité par Zerkani à commettre des vols quasi-quotidiens, notamment dans les valises des voyageurs de la Gare du Midi, pour financer la cause.

Selon le procureur, le recruteur serait un "acteur international" du djihadisme. Parmi ses contacts, les enquêteurs ont retrouvé le numéro de Seifallah Ben Hassine alias Abou Iyadh. Ce tunisien, ancien leader du Londonistan des années 90 parti ensuite combattre en Afghanistan, figurait parmi les très proches de Ben Laden.

C'est lui qui aurait enrôler les kamikazes ayant assassiné le général Massoud. Fondateur du groupuscule islamiste Ansar al-Charia, Abou Iyadh aurait été tué en juin 2015. Les réseaux du recruteur étaient aussi actifs en Syrie. "A Alep, quand on venait de la part de Khalid Zerkani, les gens étaient moins méfiants", a témoigné un djihadiste lors de son retour en Belgique.

Selon Bernard Michel, l'intéressé avait également des liens avec Soufiane Amghar et Khalid Ben Larbi. De retour de Syrie, ces deux terroristes, très proches d'Abaaoud, seront tués à Verviers en janvier 2015 alors qu'ils s'apprêtaient à commettre des attentats en Belgique.

A la fin de son réquisitoire le concernant, le procureur a requis une peine de quinze ans d'emprisonnement, affirmant que l'homme était encore actif en prison, "criant "Allah Akbar" lorsqu'il passait dans les couloirs proches des cellules" et exhortant les détenus bientôt relâchés à rejoindre la Syrie. "C'est la peine qui avait été demandée en première instance", a réagi Me Steve Lambert, l'avocat de Zerkani. Lors de sa plaidoirie, jeudi 25 février, l'avocat tentera de convaincre les juges de déconnecter les faits jugés des attentats parisiens.

La tâche ne sera pas plus aisée pour l'avocat de Fatima Aberkan. Lors de son audition, celle-ci a tenté d'expliquer les raisons qui l'avaient poussée à faire appel de la décision de première instance. Se présentant comme une "bonne vivante", aimant "rigoler" et "recevoir chez elle", elle affirme avoir suivi ses enfants en Syrie par amour maternel et non par conviction : "On choisit ses amis, pas sa famille", dira-t-elle.

Mais le réquisitoire du procureur ne fut pas tendre à son égard. "Son rôle ne s'est pas limité à celui d'une mère aimante", a expliqué le magistrat. Elle a galvanisé ses proches et acheté des munitions".

Le magistrat a rappelé les liens anciens de l'intéressée avec deux figures de l'islamiste radical belge : Nizar Trabelsi, un ancien footballeur condamné pour terrorisme, et Malika El Aroud, veuve d'un des tueurs du général Massoud qui épousera en secondes noces le formateur militaire de Mohamed Merah, Moez Garsalloui, tué au Pakistan lors d'une frappe américaine.

Sur des photos, Fatima Aberkan pose avec une arme à la main en compagnie de Malika El Aroud. En Syrie, elle s'occupait de la tambouille des combattants de l'unité emmenée par son fils. Mais elle aurait également appris à tirer. Bernard Michel a rappelé : Elle avait deux kalachnikovs et six grenades."

Le procureur a affirmé que Fatima Aberkan aurait récemment apporté de la littérature djihadiste en prison à son fils, Soufiane Alilou, détenu en Belgique, ce qu'elle nie. Une peine de 10 à 15 ans a été requise à son encontre.

Deux autres prévenus avaient fait appel : Naïma Aberkan, condamné à dix mois avec sursis pour avoir envoyé de l'argent à sa sœur en Syrie, Fatima Aberkan et ses neveux, mais aussi

Maria Grillo, une italienne de naissance convertie à l'Islam, partie en Syrie avec son mari et sa famille en octobre 2013. Sur place, sa fille mineure, Habiba, sera mariée un mois après son arrivée avec un combattant algérien.

De retour en Belgique, Maria Grillo affirmera avoir rallié la Syrie sous la contrainte de son mari. En première instance, elle avait été condamnée à deux ans de prison. Une peine qui pourrait être alourdie. En janvier 2016, à deux semaines de son procès en appel, elle a été arrêtée avec ses filles et ses petites filles alors qu'elles s'apprêtaient à partir soi-disant pour un séjour d'une semaine à Antalya.

Dans leurs bagages, les policiers avaient trouvé un sac de linge sale et des plaquettes contraceptives pour 17 mois. Elle avouera avoir voulu rejoindre de nouveau son mari en Syrie. Le procureur a requis une peine de trois ans à son égard.

Ibrahim El Bakraoui

Les frères El Bakraoui sont bien morts en kamikazes. Le procureur du Roi Frédéric Van Leeuw a confirmé que les deux frères appartenaient bien au commando terroriste qui a frappé Bruxelles: le corps d'Ibrahim El Bakraoui a été identifié grâce à ses empreintes. Il s'est fait exploser à l'aéroport Zaventem de Bruxelles peu avant 8 heures du matin. Khalid El Bakraoui, lui, a activé un engin explosif dans le métro bruxellois une heure plus tard.

Selon le procureur, les deux autres hommes qui figurent sur l'image de vidéosurveillance diffusée dès mardi ne sont pas encore identifiés. Parmi eux se trouve le second kamikaze, à gauche de l'image. L'homme portant un chapeau a déposé un sac, dans lequel se trouvait «la charge la plus importante», dans l'aéroport. Cette dernière n'a explosé qu'une fois l'aéroport évacué, ne faisant aucun blessé. Contrairement à ce qui a été avancé dans la journée de mardi, aucune arme n'a été retrouvée à l'aéroport.

Les enquêteurs ont découvert, dans une poubelle de la rue Max Roos, un ordinateur contenant le testament d'Ibrahim El Bakraoui, dans lequel il explique «être dans la précipitation, ne plus savoir quoi faire, être recherché de partout, [et s'il s]'éternise, risque de terminer à côté de [Salah Abdeslam] dans une cellule». Selon TF1, ce testament évoquerait une autre raison avancée pour justifier les attentats qui ont fait 31 morts et 270 blessés: la vengeance suite à l'interpellation de Salah Abdeslam, arrêté vendredi dernier à Molenbeek après quatre mois de fuite.

Les deux frères El Bakraoui étaient connus des services de police pour grand banditisme, mais n'avaient jamais encore été interpellés pour des affaires de terrorisme. Khalid, 27 ans, aurait notamment loué, sous une fausse identité, un appartement à Charleroi d'où sont partis les auteurs des attentats du 13 novembre à Paris juste avant de les commettre. Il est également celui qui aurait loué, toujours sous une fausse identité, l'appartement dans la commune bruxelloise de Forest dont la perquisition a dégénéré en fusillades la semaine dernière, accélérant brusquement la traque d'un suspect-clé des attentats de Paris, Salah Abdeslam.

Les «Services»
DGSI

L'envol de la DGSI auquel nous assistons depuis les attentats de janvier 2015 a été rendu possible par l'accroissement de ses effectifs et une confiance donnée par le politique qui lui ont permis de satisfaire des ambitions nourries de longue date et ainsi d'imposer son développement monopolistique au cœur du renseignement intérieur antiterroriste.

Le 21 janvier 2015, Manuel Valls, alors Premier ministre, annonçait la création de 2 680 emplois consacrés à la lutte antiterroriste au cours des trois prochaines années dont 1 100 alloués aux services de renseignement intérieurs chargés de la lutte antiterroriste : 500 à la DGSI, 500 au SCRT, 100 à la DRPP.

Si l'ensemble des services de police ont bénéficié au cours des trois dernières années d'un renfort de personnels, les services de renseignement intérieur et extérieur que sont la DGSE et la DGSI ont accru leurs effectifs de plusieurs centaines de personnes.

La DGSI a ainsi vu ses effectifs augmenter dans des proportions inédites, puisque forte de 4 400 collaborateurs en 2018, elle aura connu un accroissement de ses capacités humaines de 36 % en 5 ans; ces renforts, humains et budgétaires, ayant été affectés à 80 % à la lutte antiterroriste.

Peu de services de renseignement dans le monde ont connu une croissance aussi forte comme conséquence de la mise en scène du terrorisme et de la priorité politique donnée à ce type de criminalité. La DGSI s'est ainsi hissée à un niveau d'effectifs inconnu auparavant, ce qui lui permet de supplanter les autres services dotés d'une mission de renseignement intérieur et de prétendre au monopole du renseignement antiterroriste.

Le SCRT, la SDAO et la DRPP sont devenus des forces disparates, placées en orbite et trop faibles pour résister à l'attraction planétaire de la DGSI. Celle-ci s'appuie pourtant sur le terrain sur ces services territoriaux qui ont vu leurs effectifs augmenter. Le plan de lutte contre le terrorisme couvrant les années 2015, 2016 et 2017 prévoyait de doter le SCRT de 350 policiers et de 150 gendarmes supplémentaires. – mais en bien moindre mesure – et qui ne sont pas en mesure de rivaliser avec elle.

Une situation dont était bien conscient Jérôme Léonnet, chef du SCRT, ainsi qu'il l'a déclaré lors de son audition, à huis clos, le 19 mai 2016 devant la Commission d'enquête relative aux moyens mis en œuvre par l'État pour lutter contre le terrorisme depuis le 7 janvier 2015. Il indiquait que le SCRT «ouvre l'ensemble de sa production, dès la réalisation de celle-ci, à la DGSI. Cette dernière évoque les sujets qu'elle considère relever de son domaine de compétence». Bien au-delà d'une simple coordination, le SCRT se met au service de la DGSI et Jérôme Léonnet parle de «lien opérationnel» pour définir une relation dans laquelle «notre production est totalement ouverte à la DGSI». La DGSI tire de l'information des autres services, mais n'en donne pas, l'échange a majoritairement lieu dans un seul sens.

Le SCRT fort de ces 2 500 agents, chargé d'une mission de «renseignement général» depuis 2014, ayant intégré la prévention du terrorisme dans le champ de ses attributions depuis un décret du 27 juillet 2015, n'en a pas moins une puissance limitée, cantonnée à être placée sous la dépendance de la DGSI, et sans vocation à accroître sa sphère d'influence ni à devenir une direction générale du renseignement territorial, comme souhaité par certains parlementaires.

C'est une crise de croissance qui n'est donc pas sans poser de difficultés pour la DGSI qui doit désormais absorber au mieux ces nouveaux moyens : la création de 2 500 à 3 000 postes de «policiers, gendarmes et membres de la DGSI» en 2018 et 2019 annoncée par le ministre de l'intérieur, Gérard Colomb, le 2 août 2017. C'est là la première salve des 10 000 postes supplémentaires promis par Emmanuel Macron pendant la campagne présidentielle. Cela accentue l'épée de Damoclès d'une croissance qui serait à terme contreproductive.

Le service de renseignement intérieur est donc nourri d'ambitions certaines dont nombre ont été satisfaites au cours des cinq dernières années. La DCRI a, tout d'abord, voulu s'autonomiser à l'image des grands services occidentaux que sont le FBI américain, le MI-5 britannique, le BFV allemand, l'AISI italienne. Elle y est parvenue grâce à sa capacité à avoir l'écoute des hommes politiques, tout particulièrement de Manuel Valls, lequel, sensible à la menace terroriste, a œuvré à la création, le 12 mai 2014, d'une Direction générale de la sécurité intérieure, détachée de la DGPN (Direction générale de la police nationale).

En donnant naissance à une grande direction de la sécurité intérieure, pendant de la DGSE sur le terrain extérieur, le Premier ministre donnait à la structure la puissance nécessaire pour assoir sa volonté hégémonique. Les ministres de l'Intérieur successifs scellaient ainsi l'envol de cette direction qui peut désormais s'appuyer sur des cadres capables de la manœuvrer dans ses nouvelles dimensions, tels Thierry Matta son numéro deux, ex-directeur de cabinet du DGPN.

Forte de son élévation au rang de Direction générale, la DGSI a ensuite cherché à placer ses cadres aux endroits clés dans des services partenaires. Le pari est réussi puisqu'elle a placé à la tête de la DRPP un pur produit de la DGSI en la personne de Françoise Bilancini, contrôleur général, ex responsable des ressources humaines à la DGSI, ancienne collaboratrice des RG (Renseignements Généraux) et de la DST (Direction de la surveillance du territoire).

Un ancien membre de la DGSI, Yves Joannesse, a également été nommé numéro 2 de l'UCLAT (Unité de coordination anti-terroriste), suite au départ de Jean-François Gayraud. Hughes Bricq, du fait de son passage à la DCRI, pourrait, désormais à la tête du SCRT, compléter cette liste. La DGSI bénéficie également d'un bureau de liaison dans chaque service : à la DGSE, au SCRT, à la DRPP, ce qui lui permet de puiser de l'information et d'entretenir des réseaux informels au sein de chaque structure.

Une fois ses hommes placés, la DGSI continue à avancer ses pions pour satisfaire une nouvelle ambition qui serait peut-être de coordonner la lutte antiterroriste en France. La DGSI acquerrait là une dimension déjà dévolue en Europe à certains services de sécurité qui hébergent en leur sein l'unité de coordination, voire la dirigent.

La DGSI a déjà initié une coordination en créant à l'été 2015 Allât, sa propre cellule interne de coordination opérationnelle. Fer de lance des ambitions coordinatrices de la DGSI, et sans lien aucun avec l'UCLAT, cette cellule qui rassemble 9 services (notamment DGSI, DGSE, DRM, DRSD, DGGN, SCRT, DRPP) a une vocation très opérationnelle axée sur le sujet irako-syrien, échangeant sur des objectifs et des dossiers spécifiques en lien avec la situation de terrain.

Enfin, la montée en puissance de la DGSI transparait dans la priorité qu'elle a donnée depuis 2016 au développement de ses capacités techniques. En présence de filières terroristes particulièrement complexes à infiltrer, de cellules de quartier et familiales, le développement d'un renseignement technique de qualité et exploitable était devenu une nécessité. C'est ainsi que s'est développé un partenariat fructueux avec la DGSE.

Palantir

En se dotant cette fois d'un logiciel de regroupement des données, Palantir, censé faire le lien entre les dossiers, croisant et exploitant le renseignement collecté qu'il soit humain ou technique, la DGSI mise sur l'interconnexion des données pour faciliter leur exploitation et libérer du temps aux opérationnels.

Ce logiciel qui se veut un outil efficace de traitement des métadonnées collectées sur le territoire national présente toutefois deux faiblesses:

un coût très élevé de fabrication qui serait estimé à 10 millions d'euros (soit 5 % du budget de la DGSI) et un marché attribué à une société américaine, Palantir Technologies. Créée en 2004, cette entreprise de services et d'édition logicielle spécialisée dans l'analyse et la science des données – communément appelé Big Data ou métadonnées – met ses compétences au profit de la CIA comme de firmes multinationales.

Basée à Palo Alto en Californie, Palantir a été fondée par Peter Thiel, l'actuel conseiller numérique du Président des Etats-Unis.

C'est donc une intrusion américaine dans le paysage du renseignement français qui n'est pas sans soulever l'étonnement de nombreux observateurs. Cet outil accroît manifestement la dépendance de la France vis-à-vis des Etats-Unis dans le domaine sensible du renseignement technique. Sa mise en place a nécessité l'ouverture des portes de la DGSI aux membres de la société Palantir leur offrant un accès privilégié aux données.

Un constat d'autant plus paradoxal que c'est suite à la première guerre du Golfe que le développement des moyens techniques a été observé, à un moment où nos services n'avaient pas suffisamment accès au théâtre d'opérations extérieures.

Pierre Joxe a alors œuvré pour que la France se dote de ses propres moyens de renseignement technique et bénéficie ainsi d'une réelle indépendance. Il s'en est suivi un mouvement général de renforcement et d'autonomisation du renseignement technique français, à travers une montée en puissance de la Direction technique de la DGSE, devenue en capacité de rivaliser avec le renseignement technique étranger et surtout la création de la Direction du renseignement militaire (DRM).

Par sa puissance, par le poids de ses effectifs, par sa logique – sinon sa volonté – hégémonique, la DGSI a su déséquilibrer le paysage antiterroriste français en sa faveur, le recentrant autour de deux grands services de renseignement, la DGSI au plan intérieur et la DGSE sur le terrain extérieur, et affaiblissant du même coup la nécessité d'une coordination puissante.

UCLAT

Les niveaux de coordination du renseignement antiterroriste se chevauchent et se cherchent. Alors que la coordination exercée par l'UCLAT est en perte de vitesse, une coordination opérationnelle stricto sensu a tenté de s'imposer au cours de ces dernières années à travers l'EMOPT et la cellule Allât de la DGSI. Elle est en passe d'être redéfinie et renforcée sous l'impulsion du CNCT, qui a le mérite d'agréger l'ensemble des services, en créant une courroie de transmission et en s'imposant comme le garant de la circulation du renseignement.

Lors de sa création en 1984, il y a maintenant plus de trente ans, l'UCLAT avait vocation à opérer une coordination opérationnelle entre les services. Une mission à laquelle elle s'est adonnée en période d'attentats (1986, 1996, années 2000), en réunissant au quotidien les représentants des services, avec pour mission d'informer le Directeur général de la police nationale des avancés de l'enquête et de transmettre aux services les directives du DGPN et du ministre de l'Intérieur.

Mais au cours des dix dernières années, l'UCLAT a perdu sa vocation opérationnelle et a été mise à l'écart du dispositif antiterroriste en raison de facteurs humains et des services qui ont cherché à se soustraire à son influence. Il en est ainsi de :

- la Direction de la coopération internationale (DCI) qui a repris le contrôle des officiers de liaison antiterroriste en poste à l'étranger. L'UCLAT a ainsi perdu son rayonnement international la DGSI qui, en tant que Direction générale, n'est plus placée sous l'autorité de la DGPN et a gagné en autonomie vis-à-vis de l'UCLA

- la Préfecture de police, qui a connu une montée en puissance et en autonomie de ses services (Brigade criminelle et Direction du renseignement) depuis les attentats survenus à Paris en 2015.

- L'UCLAT se trouve réduite à un rôle de conseiller sur le terrorisme du Directeur général de la police nationale et du ministre de l'Intérieur. L'unité dispose à cette fin d'un département d'analyse et de synthèse, spécialisé dans le domaine du djihadisme et des mouvements politiques violents (mouvements radicaux, indépendantistes, animalistes, etc.), qui produit une synthèse de la menace sur la base des notes transmises par les services de police et de renseignement, services qui restent libres de communiquer ce qu'ils souhaitent sans que l'UCLAT n'ait de capacité à exiger.

- C'est ainsi essentiellement sur la base du volontariat et au gré des relations informelles—que les membres de l'UCLAT se nourrissent des informations que les services veulent bien lui remonter. La production a par conséquent, baissé en volume, quand bien même l'analyse sur la menace produite demeure de bonne qualité.

- Si l'UCLAT continue de réunir chaque semaine une douzaine de services (DGSI, DGSE, DRM, DRSP, DGGN, SCRT, DRPP, CNR, DCPJ, PJPP, DACG , Douanes, CNAO, RAID, DPID, SDLP), son rôle en matière de coopération internationale s'est réduit. C'est alors un nouveau rôle de coordination à l'international que l'UCLAT a développé, que ce soit en lien avec les structures équivalentes dans les pays étrangers au sein du Groupe de Madrid, ou encore en qualité de chef de la délégation française dans les enceintes internationales (Groupe terrorisme à Bruxelles   et   G8).

Aujourd'hui L'UCLAT éprouve de nombreuses difficultés. Alors même que l'Unité, forte d'une soixantaine de personnes, a vu ses effectifs augmenter suite aux attentats de 2015, sa marginalisation au sein du dispositif antiterroriste et quelques faiblesses de management lui ont ôté la dynamique nécessaire. Cette situation, selon les syndicats de policiers, serait en outre mal vécue en interne.

D'autant qu'il faut y ajouter le départ concomitant de certains rouages importants du service. On citera par exemple le chef adjoint de l'UCLAT, Jean-François Gayraud, qui a rejoint le Centre national du contre-terrorisme à l'Elysée; Géraud Delorme, directeur des services pénitentiaires appelé à créer le Bureau central du renseignement pénitentiaire ; ou bien encore François Thuillier, ex-chef de cabinet du DGPN et désormais chercheur auprès du Centre d'études sur les conflits (CCLS).

L'UCLAT a ainsi perdu sa vocation de coordination opérationnelle au profit d'un rôle de représentation. Pire encore, l'UCLAT a perdu le poids lui permettant de s'imposer face à des services qui ne remontent plus l'information qu'au bon vouloir de relations humaines informelles. Il semblerait donc que la volonté générale de toiletter notre dispositif antiterroriste ait oublié l'UCLAT au passage.

EMOPT

La DGSI, avec le poids d'une Direction générale qui est le sien, appelait de ses vœux une coordination placée au-dessus de la Direction générale de la police nationale. C'est ainsi que l'Etat-major opérationnel de prévention du terrorisme (EMOPT) lors de sa création en juin 2015 a été rattaché au Cabinet du ministre de l'Intérieur.

Composé de 15 personnes détachées des services (DGSI, DRPP, SCRT, DCPJ, BCPP, gendarmerie), l'EMOPT a donc rapidement été investi par les gendarmes. Initialement dirigée par un préfet, cette structure hébergée dans les locaux de la gendarmerie a été placée sous la direction provisoire d'un lieutenant-colonel. Il s'est agi d'un moyen opportun pour les gendarmes de s'engouffrer dans la lutte antiterroriste, là où l'Arme, laissée en marge du dispositif par les autres structures, avait du mal à trouver sa place.

Après deux ans et demi de fonctionnement, on constate que le rôle de l'EMOPT s'est limité à la centralisation des individus à risques travers le Fichier des signalements pour la prévention et la radicalisation à caractère terroriste (FSPRT). Chargé de coordonner la surveillance des individus suivis pour radicalisation ou terrorisme, l'EMOPT travaille à partir du FSPRT dont il exploite et croise les données.

Ce fichier de travail sur les radicalisés est alimenté à partir des noms d'individus fournis par chaque service, des informations remontées par les préfectures dans le cadre du comité de sécurité placés auprès des préfets, mais également des signalements reçus via le numéro vert géré par l'UCLAT.

Sur les 17 393 individus inscrits au FSPRT, 7 400 sont individus signalés par les préfectures via les états-majors de sécurité (EMS) ; 5346 individus sont signalés par le public via le CNAPR ; 5799 objectifs inscrits par des services de police ou gendarmerie et le formulaire de déclaration par internet disponible sur la plate-forme anti-jihad. Les services se répartissent alors les cibles à suivre sur le terrain selon la dangerosité estimée: les 4 000 individus les plus dangereux sont suivis par la DGSI, et le reste des signalés est réparti entre les autres services de renseignement.

Ce fichier qui pourrait s'apparenter à une cartographie des individus à risques fournit une photographie à un instant T des personnes connues comme étant radicalisées. Il ne permet pas de savoir ce que fait un individu mentionné dans le fichier, s'il quitte ou non le pays, et ce dès lors qu'il ne fait pas l'objet d'une interdiction de sortie du territoire.

Cette information est détenue dans un autre fichier, celui des personnes recherchées (FPR)–comprenant le fichier S des personnes soupçonnées de radicalisation. Seul ce fichier permet de savoir ce que font les individus inscrits, notamment s'ils sortent ou pas du territoire. L'absence de connexion entre les deux fichiers explique qu'un individu surveillé dans l'un puisse ne pas figurer dans l'autre.

Il convient de garder à l'esprit que ces fichiers constituent uniquement un système d'alerte. Nous ne sommes pas en présence d'un module de données dynamique offrant un observatoire de la mouvance terroriste. Les fichiers rencontrent d'autant plus de limites que la présence d'un individu dans un fichier n'est pas déterminant pour le passage à l'acte.

Il est à craindre que les fichiers deviennent une connaissance morte, à contrecourant de l'espoir opérationnel qu'ils véhiculent. Leur existence rassure – l'inconscient collectif national, le portant à penser que connaitre les individus signifie les surveiller. Ce leurre conduit à véhiculer l'idéologie du fichier, à surestimer son rôle et, par là même, risque d'affaiblir le travail de terrain.

L'EMOPT est venue offrir une coordination opérationnelle spécifique axée sur la gestion d'une base de données d'individus à risques car radicalisés, sans pour autant constituer une structure de coordination pleine et entière. Aussi rien d'étonnant que dès sa création, l'EMOPT ait eu vocation à rejoindre l'UCLAT, d'autant que c'est cette dernière qui l'alimente. Le président Macron s'est rapidement inscrit dans cette voie, puisque dès le mois d'août 2017, le ministre de l'Intérieur annonçait devant les députés de la Commission des lois de l'Assemblée nationale la fusion prochaine de l'EMOPT avec UCLAT. Le décret officialisant cette union est attendu en début d'année 2018, avec la question sous-jacente de la structure qui prédominera sur l'autre.

La nomination en conseil des ministres du 21 juin 2017 des directeurs du CNCT (Pierre de Bousquet de Florian), de la DGSE (Bernard Emié) et de la DGSI (Laurent Nunez) s'est voulue une impulsion donnée à la coordination institutionnelle qui venait d'être créée une semaine auparavant à travers la CNCT. En choisissant des hommes qui se connaissent, s'apprécient, entre lesquels existe une relation de confiance, le président de la République posait les bases essentielles du fonctionnement de la structure, en l'absence desquelles toute mission de supervision de la coopération des services serait vaine.

Composé d'un représentant de chaque service de renseignement, le CNCT a su attirer lors de sa formation certains hommes clés comme Jérôme Leonnet, ancien patron du SCRT devenu numéro 2 du CNCT ou encore Jean-François Gayraud, ancien numéro 2 de l'UCLAT et de la DST. Autant de leviers qui lui permettent d'agréger les services, de s'imposer aisément au cœur du dispositif antiterroriste, sans pâtir de la méfiance inhérente à un nouvel échelon de coordination. Cette instance de coordination placée à l'Elysée, éloignée du terrain, a le mérite d'agréger l'ensemble des acteurs du paysage antiterroriste, rassemblant tous les acteurs de la communauté du renseignement.

En créant au sein du CNR, une formation spécialisée en matière antiterroriste, le Président de la république a voulu centraliser l'analyse de la menace, aujourd'hui éclatée au sein des services de renseignement et dans les structures de coordination (UCLAT, SGDSN – Secrétariat général de la Défense et de la Sécurité nationale). Il s'agit de provoquer une remontée de l'analyse produite par les services vers le Président de la République, avec l'ambition de maîtriser la connaissance et d'être à même de donner l'impulsion nécessaire.

Au sein des services de renseignement l'analyse est actuellement effectuée par des cellules propres, différenciées de celles qui collectent l'information. La DGSE analyse et met ainsi en perspective elle-même le renseignement qu'elle récolte. C'est le travail de sa Direction du renseignement dirigé par Marc Pimont, autre nouveau visage public de l'antiterrorisme hexagonal. Même si de nombreux analystes en son sein semblent aujourd'hui regretter que la priorité soit donnée au renseignement immédiatement exploitable, dit «de sécurité » (par exemple pour définir des objectifs opérationnels), sur la fine compréhension à long terme des forces politiques et religieuses de ces régions et dont les diplomates ne sont malheureusement plus que les derniers détenteurs.

La DGSI abrite de son côté 14% de contractuels (universitaires, spécialistes en géopolitique, en relations internationales) qui concourent à l'évaluation de la menace. Une évolution du traitement du renseignement consisterait à scinder clairement la collecte du renseignement et son exploitation, à travers un service de renseignement en charge de la production du renseignement (collecte du renseignement ouvert et fermé, développement du renseignement humain et technique) et une structure dédiée à l'expertise centrée sur l'analyse et l'exploitation du renseignement, composée d'analyses et d'experts par domaine, dont les données viendraient alimenter en retour les services.

Ce rôle crucial de l'analyse dans la fonction de renseignement, telle qu'identifié à juste titre par le CNCT, ne doit pas pour autant faire oublier qu'il pourrait être dangereux qu'une structure unique concentre l'analyse de la menace, les services qui recueillent l'information étant par ailleurs attachés à conserver ce pré carré qui alimente la puissance qu'ils revendiquent. La création du CNCT en officialisant le poids de l'analyse de la menace pourrait rouvrir un débat jusque-là jamais tranché.

Le CNCT se veut, par ailleurs, une structure novatrice dans la forme et dans les termes. Pour la première fois de son histoire, la lutte antiterroriste est coordonnée au niveau de la Présidence de la République, ce qui politise la mission de la structure de coordination et la fragilise.

En prenant en main l'organisation de la lutte antiterroriste avec l'ambition affichée d'améliorer le renseignement et son organisation, Emmanuel Macron s'est approprié un domaine dans lequel il était pourtant novice et où il ne disposait pas d'ancrage. Il n'existait initialement pas de vivier pro-macron dans le monde sécuritaire ni dans le domaine antiterroriste.

A ce titre, ni sa campagne ni son programme dans ce domaine n'avaient révélé d'expertise particulière. On n'y avait entendu (à part justement la création surprenante d'une telle structure) que des généralités de bon aloi et des principes plutôt libéraux vis-à-vis de l'islam.

Enfin, au nombre des missions confiées au CNCT par le décret n° 2017-1095 du 14 juin 2017 figure celle de proposer au Président les orientations du renseignement et de la lutte contre le terrorisme. Présenté comme une mission de prospective (essentiellementorientée sur les moyens matériels de la lutte antiterroriste), s'appuyant sur des experts extérieurs aux services, ce champ d'action est sans aucun doute celui qui aura le plus de difficulté à se développer.

La raison en est le faible intérêt, par nature, du politique pour la prospective. La fonction politique, parce que partisane, est incompatible avec la réflexion et les engagements à long terme inhérents à toute démarche prospective. Le temps du politique n'est pas celui de la recherche. Le ministre de l'Intérieur n'est pas intéressé de connaître la manière dont le processus terroriste se développe, son intérêt se porte sur le démantèlement des réseaux, sur les mesures concrètes et immédiates à afficher qui montreront son efficacité et la traduiront en gains politiques, voire électoraux.

www.ingramcontent.com/pod-product-compliance
Lightning Source LLC
Chambersburg PA
CBHW061642250726
48659CB00004B/1336